江戸・明治

百姓たちの山争い裁判

渡辺尚志

草思社文庫

はじめに

百姓、武士それぞれにとって重要だった山野

現在、日本の国土の約七〇パーセントは森林である。これは世界的にみても高い数字で、日本は「緑豊かな森の国」だといえる。この豊かな山野は、どのような歴史を経て、今日に至っているのだろうか。過去において、山野の危機や自然破壊はなかったのか。人びとは、山野に囲まれて暮らすなかで、山野をめぐって起こる深刻な対立や争いをどのように解決してきたのか。

本書では、こうした問いの答えを探すために、対象時期を江戸時代・明治時代に絞って、人びとと森林・山野との関係を具体的に述べていきたい。

現代の私たちにとって、森林・山野とはどのような存在だろうか。登山・ハイキング・森林浴・山菜採りなど、自然と触れ合う行楽の場と考える方が多いのではないだろうか。その一方で、林業や観光業に携わる人びとを除いて、山野を、生活を支える

生業の場としている人はけっして多くない。

しかし、江戸時代にはそうではなかった。江戸時代の人口の約八割は百姓だった。百姓が、江戸時代の圧倒的多数者だったのである。そして、百姓たちは、山野を生産・生活に不可欠な場として重視していた。

一般に、人が生きていくためには、衣食住が揃っている必要がある。食料の中心は、田畑で生産される穀物や野菜であり、衣類の原料は畑で育てる棉《わた》や麻などだった。いずれにしても、食料・衣料は耕地から生み出された。これらの農作物を連年立派に育てるには肥料が不可欠である。そして、化学肥料がなかった江戸時代には、肥料の中心は草や木の枝だったのである。そして、草や木の枝がもっとも豊富にあったのは山野だった。田畑に十分な肥料を施すためには、田畑の五～一〇倍程度の面積の山野が必要とされた。農業を継続するためには、広大な山野が不可欠だったのである。

また、当時の家屋は木造だったから、家の建築資材は山野から得ていた。暖房や調理のための燃料にも、山野で採取した薪《まき》が使われた。さらに、山野の動植物は貴重な食料資源だった。

百姓たちは、肥料、建築資材、燃料、食料を山野から得ていたのである。衣食住の全般にわたって、百姓たちにとって山野はなくてはならぬ存在だったのであり、百姓たちと山野との結びつきは多面的で深いものだった。そこが、現代との大きな違いである。

では、武士たちにとっては、どうだったろうか。江戸時代には、幕府や大名たちが全国を分割統治しており、武士たちは幕府や藩という組織に属して生活していた。彼らは、山野を生産・生活の場としていたわけではない。しかし、彼らにとっても、別の意味で山野は重要な意味をもっていた。

大名の領地は、幕府によって他所に移されたり、増減されたりした。跡継ぎがいない場合や不祥事があった場合には、領地没収・御家断絶となることもあった。そして、今まであまり注目されてこなかったが、領地の増減につながるもう一つの要因があった。それが、山野の境界変更である。

大名の領地は、幕府領やほかの大名領と境を接している。そして、その境界は山野であることが多かった。百姓たちは、それぞれが属する村を単位に、山野の境界をめぐってたびたび激しく争った。そして、領主を異にする村同士の争いの結果、山野の境界（それは村の境界でもある）が変更されることは、その村を支配する大名の領地の増減に直結した。山野に引かれる境界線の位置の変更は、自らの領地の拡大もしくは縮小を意味したのである。そのため、大名やその家臣たちは、村による山野の境界紛争には神経をとがらせ、自領を維持・拡大することに力を注いだ。こうした意味で、武士にとっても、山野のもつ意味は大きかった。

さらに、林業に携わる人びとや猟師たちにとって、山野が生業の場であったことは言うまでもない。このように、江戸時代人にとって、山野は身近にあって重要な存在だった。このようなあり方は、明治時代に入ってもすぐに変わるものではなかった。そうした江戸時代・明治時代に生きた人びとの山野との付き合い方を明らかにしていくことが本書の目的である。

江戸時代の百姓たちは、けっして何の問題もなく平和に山野を利用してきたわけではなかった。過剰な伐採による山林荒廃の危機があり、隣接する村との山野の利用権をめぐる対立・抗争が各地で起こった。限りある自然資源を分け合って利用するなかでは、人びと・村々の間での矛盾や軋轢《あつれき》は避けられなかった。百姓たちは、そうした矛盾や軋轢に正面から向き合って、その克服のために力を尽くしてきたのである。そうした先人たちの努力と知恵の延長線上に、今日の緑豊かな国土がある。

しかし、楽観視してばかりはいられない。今日の日本では、輸入外材の増加にともなう国内林業の収益悪化により、森林の荒廃や林業の後継者不足が問題になっている。また、森林の減少と自然破壊は、地球規模での危機をもたらしている。問題解決のためには、さまざまな方面からのアプローチが必要だが、その一つとして、江戸時代に生きた先人たちに尋ねてみることも必要だろう。本書には、こうした思いが込められている。

私は、これまで四〇年以上、ずっと江戸時代・明治時代の村と百姓の歴史を調べてきた。江戸時代になると、上層百姓を中心に、百姓たちが自ら文字を書き、記録を残すようになった。百姓たちがくずし字で書いた古文書が、今も農村部の旧家の土蔵などにたくさん伝えられている。

私は、全国各地に残る古文書を解読するなかから、彼ら・彼女らの思いに迫ろうと努めてきた。私が当時の百姓になりきることはできないが、それでも、肥料は店で買うもの、暖房や調理には電気やガスを使うもの、といった現代人の常識や先入見からはできるだけ離れて、虚心坦懐に彼ら・彼女らの言葉に耳を傾けようとした。一方で、環境問題、自然保護の問題など現代社会に生きるわれわれが抱える課題について、当時の百姓たちならどう考えるか知りたいという、主体的な問題意識も忘れないようにして、百姓たちとの対話を重ねてきた。

私は、これまで、江戸時代の村と百姓についての概説書を書くとともに、時期を幕末維新期に絞ったり、テーマを水資源の問題に絞ったり、対象を一つの村に限定したりして、何冊かの本を書いてきた。そうした蓄積の上に立って、先述したような山野の重要性にかんがみ、山野に焦点を絞って述べたのが本書である。これまで、百姓の目線に立って、山野をめぐる人びとの営みを平易に書いた本はけっして多くない。そこに、本書を著す意味があるだろう。

また、江戸時代の人口の約八割が百姓だったということは、私たちの多くが江戸時代まで先祖をたどれば百姓に行きつくことを意味する。百姓の歴史は、私たちの先祖の歴史でもある。本書から、われわれの先祖の営みに思いをはせていただければ幸いである。

本書の構成

本書は、以下のような構成になっている。

序章では、江戸時代の百姓たちにとって林野のもった意義を述べるとともに、村の空間的構造や村運営の仕組みといった、江戸時代の村と百姓を理解するために必要な基礎知識について説明する。

第一章では、全国各地に対象を求めて、室町時代から明治時代までの、山野をめぐる人びとの営みを多様な角度から紹介する。本章では、百姓たちが山野の利用をめぐって時には神の意思を問うために命を賭けて争ったことや、江戸時代にもすでに自然破壊が起こっていたことなど、さまざまな事例が示される。

第二章では、江戸時代の裁判について、山野をめぐるものを中心に、その特徴を述べたうえで、信濃国《しなののくに》（現長野県）における山争いの一部始終を具体的にみていく。この山争いでは、山野の利用と所有の権利をめぐって、百姓と武士が対立と協力の複雑な関係を繰り広げる。百姓が自らの領主と協力して他領の百姓と争ったり、村同士の争いが村内部の争いに連動したりと、現実の山をめぐる社会関係は複雑に絡み合って展開する。そうしたありようを、江戸時代人が残した古文書に基づいて明らかにしていく。

本章で使う史料は、信濃国松代《まつしろ》（現長野市）に城をもっていた大名真田《さなだ》家に伝わったものであり、現在は国文学研究資料館（東京都立川市）に所蔵され、一般に公開されている。真田家は、有名な真田信繁《のぶしげ》（幸村）の兄信之《のぶゆき》を藩祖とする家である。真田家文書は、今日に伝わる大名家文書のなかでは、質量ともにもっとも充実したものの一つである。そして、その中には、武士が作成した文書のほかに、藩領の村々の百姓が書いて藩に提出した文書も多く含まれている。そのため、真田家文書を読み解くことで、百姓と武士の声をともに聴くことができる。それが、本章で、この事例を取り上げた大きな理由である。なお、本章は、渡辺尚志『近世百姓の底力』（敬文舎、二〇一三年）第六章を改稿したものである。

第三・四章は、出羽国村山郡《でわのくにむらやま》（現山形県）を対象地域にしている。第三章では、江戸時代に、山野をめぐる訴訟の代表として江戸に出向いた一人の百姓・伊藤義左衛門《ぎざえもん》に焦点を合わせている。幕府が訴訟を審理する場合、訴訟の当事者は江戸に出て審理を受けることになった。故郷を離れて、長期間江戸に滞在したのである。彼は、江戸滞在中、故郷に頻繁に書状（手紙）を出した。そこには、絶対に訴訟には負けられないという強い思いとプレッシャーが率直に綴られている。また、幕府の法廷での審理の様子も克明に記されている。義左衛門の出した書状は、現在、明治大学博物館に所蔵され、一般に公開されている。第三章では、これらの書状を読み解くことで、当事者の目から見た、江戸時代の山争いの実態を明らかにしていく。なお、本書では引用史料はすべて現代語訳した。

　では、山争いのありようは、近代（明治時代）に入ると、どのように変化したのだろうか。この点に関して、第三章と同じ出羽国村山郡を取り上げて、明治時代の山をめぐる裁判の実態を追跡したのが第四章である。明治になると裁判制度が整備され、山争いは、原告・被告双方が文書と証拠資料によって主張をぶつけ合い、判決に不服ならば控訴（上告）するという形式が整ってくる。しかし、争点は江戸時代における山野利用のあり方を前提にしたものであり、けっして江戸時代から断絶したものではない。その一方で、地租改正など明治政府の近代化を目指す政策が、山争いの争点にも大きく絡んでくる。第四章では、一面で江戸時代と連続し、他面で江戸時代から大きく変化した明治時代の山争いの実態を、裁判資料に基づいて具体的にみていきたい。

　本書では、全国各地の事例を取り上げているが、その中心となるのは信濃国松代周辺と出羽国村山郡の事例である。山野に関する史料が豊富に伝えられているということで、この両地域を重点的に扱った。ただし、山野の利用や山争いに関する史料は全国各地に膨大に伝えられている。それらを使えば、本書で述べるような事実をほかの地域で明らかにすることは十分可能であり、実際明らかにされてきている。

山野は全国にあるが、その地形的条件は千差万別であり、山野を利用する村々のありようもそれぞれに個性的である。その一方で、一つ一つがすべて異なる事例のなかを太く貫く共通点があることも事実である。こうした個別性と共通性の両者に目配りしつつ、各地の事例を発掘し、それらを相互に比較することで、山野をめぐる豊かな歴史像が描けるだろう。

本書から、われわれの先祖が山野に囲まれてどのように暮らし、山野をめぐっていかなる人間関係を取り結んできたのか、その一端を知っていただければ幸いである。そして、そうした歴史的な営みに照らして、今日そしてこれからの自然との付き合い方について考えるきっかけとなれば、これに過ぎる喜びはない。

江戸・明治

百姓たちの山争い裁判

目次

序章　江戸時代の山と村

第一章

室町・戦国・江戸・明治——日本人は山とどう付き合ってきたか

全国各地の事例より

第二章 百姓同士の山争いを、武士がバックアップ

江戸後期、信濃国――

松代藩領村々 vs. 幕府領村々

2　松代藩領村々 vs. 幕府領村々　山争い勃発　116

3　松代藩領の村内部での山争い　134

第三章

幕末、出羽国——
東北の村の山争いは、江戸でも進行していた
山口村名主、幕府に決死の嘆願

第四章

明治維新で山争いはどう変わったか

山形県　山口村vs.田麦野村、二十数年の死闘

終章——争いを経て守られた林野

序章——江戸時代の山と村

あらゆる面で百姓の生存を支えた林野

本書は、日本の近世（江戸時代）・近代（明治時代）を主要な対象時期として、森林・山野をめぐる人びとの営みを見つめようとするものである。

前近代の人間が生きていくうえで、林野は不可欠の重要性をもっていた。前近代の人びとは、食料・燃料・肥料・建築用材などの多くを林野から得ていたのである。林野は、木の実・山菜・キノコなど食料の宝庫だった。林野に生息する動物たちも食料になった。とりわけ、不作で穀物の収穫が期待できないときなどは、林野から得られる食料が百姓たちの命綱となった。電気やガスのない時代、人びとは薪や炭によって暖をとっていた。食材の煮炊きにも薪が用いられた。さらに、百姓の家屋は木造だったから、建築用材も林野から得ていた。

また、化学肥料のなかった江戸時代には、肥料の中心は林野で採取した草や木の枝だった。言うまでもなく、田畑は肥料を投入しなければ、連年作付けすることはできない。林野の植物資源が連作を可能にしたのである。

草や木の枝は、それらを青いまま田に埋め込んだり（刈敷《かりしき》）、焼いて灰にしたり（草《そう》木灰《もくばい》）、積み上げて発酵させたり（堆肥《たいひ》）、厩《うまや》の床に敷いて飼っている牛馬の糞と混ぜたり（厩肥《きゅうひ》）、いろいろなかたちで肥料として利用されたが、それらの原料はいずれも草や木の枝だった。林野は、肥料の供給源としても重要だったのである。

そのため、田に特定箇所の林野が付属し、両者がワンセットになっている場合もあった。そうした場合には、田が売買・質入れされると、それにともなって付属の林野の権利も移動した。田には植物由来の肥料が不可欠だったため、林野の利用権がなければ田の資産価値は大幅に減少したことから、両者の一体化の事例が生まれたのである。このように、林野はあらゆる面で百姓の生存を支えていたのである。

日本の森林被覆率は今日でも国土の約七〇パーセントに達しており、これは世界的にみても有数の高さである。それを、「日本人は昔から自然を大切にしてきた」といった超歴史的な理由だけで説明することは難しい。歴史を振り返れば、日本でも林野が荒廃の危機に瀕した時代も幾度かあったのである。江戸時代にもそうした危機は存在した。そうした時期に人びとがどのように危機に対応し克服してきたのか、その過程を丹念に追究する努力こそが求められる。林野の現状を正確に理解するためには、歴史的な見方が必要なのである。

林野の多くは共有地だった――利用ルールと罰則

たいていの村では、集落や耕地の外延部には林野が広がっており、林野も村の領域の重要な構成要素だった。村は、単純化すれば、集落・耕地・林野という三重の同心円構造をもっていたのである（次ページの図1参照）。

図1　村の概念図

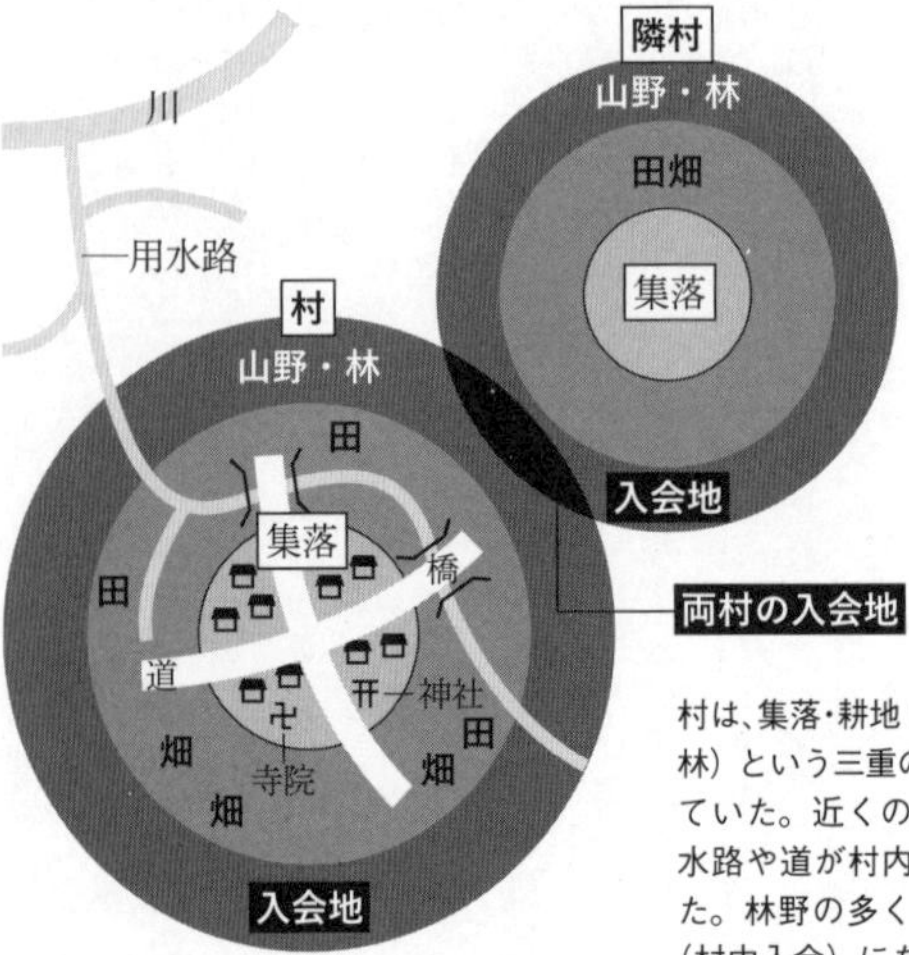

村は､集落･耕地（田畑）･林野（山野･林）という三重の同心円構造をもっていた。近くの川から取水する用水路や道が村内を縦横に通っていた。林野の多くは村共有の入会地（村中入会）になっており、入会地の一部が隣村と共有の入会地（村々入会）になっていることもあった。

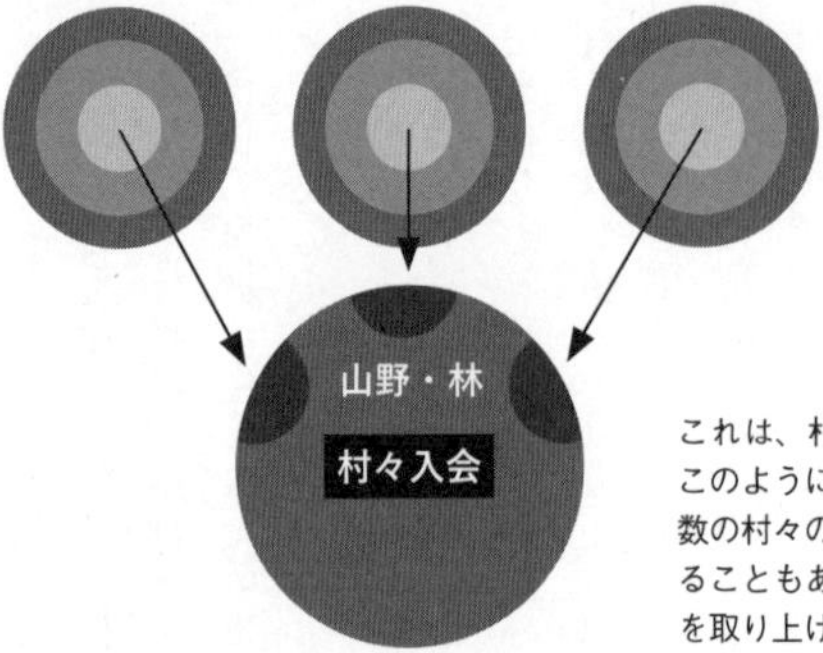

これは、村々入会の概念図である。このように、一定領域の林野を、複数の村々の村人たちが共同で利用することもあった。第二章で、具体例を取り上げる。

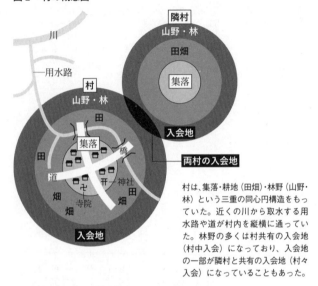

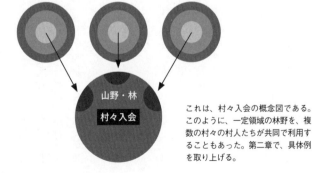

江戸時代には、林野は一つの村あるいは複数の村々で共同所有・利用することが一般的だった。こうした共有の林野を、入会地《いりあいち》という。個人所有の林野もあったが、概してその比重は高くはなかった。なかには、地形的条件などから、領域内に林野をもたない村もあったが、そうした村はほかの村の林野を、利用料を払って利用させてもらうなどしたのである。または、肥料をよそから購入する必要があった。

一つの村だけの入会を村中入会《むらじゅういりあい》、複数の村々による入会を村々入会《むらむらいりあい》という。前者は、自村の領域内の山を、その村の村人たちが利用するもので、後者は、一定領域の林野を、複数の村々の村人たちが入り交じって利用するのである。

入会地は村の共有地だったから、村人たちがそこを利用するときは、村で定めた利用規則に従う必要があった。自分勝手な利用はできなかったのである。利用規則の内容は、それぞれの村が置かれた条件によって多様だった。比較的多くみられたのは、①村人が林野を利用することができる期間を○月○日から○月○日までといったように定めたもの、②草や木の枝の採取に用いることができる用具の種類を定めたもの、③一日に採取してよい草や木の枝の量を、たとえば「馬一頭に積める分まで」などと定めたもの、などである。②については、鎌を用いるのはよいが、過剰採取を防ぐために鉈《なた》や鉞《まさかり》など大型の道具は使用禁止とするなどの規定が設けられた。

林野の利用可能期間は村によってさまざまだったが、田植え直前の五月頃から利用を開始する村が多かった。採れたての刈敷を田に踏み込むことで、稲苗の生育を促したのである。あるいは、一〇月から四月といった農閑期を入山期間としている村もあった。この場合は、薪の採取に重点が置かれていたのであろう。

百姓たちにとって林野が重要だったぶん、利用規則の違反者に対しては厳しい罰則が適用された。享保《きょうほう》六年（一七二一）に越前国《えちぜんのくに》六呂師《ろくろし》村で定められた村の掟では、入会山で盗伐した者は、耳をそいで村を追放すると定めている。耳そぎというのは、全国的にみてももっとも刑の厳しい部類である。

宝暦《ほうれき》三年（一七五三）に山城国《やましろのくに》鶏冠井《かいで》村で定められた掟では、山野で盗伐した者は村から追放するとしている。盗伐に対して、追放刑を科す村はほかにもみられる。そして、罰則としてより一般的なのは過料である。盗伐者に、米や金銭を出させるのである。

盗伐した対象物や盗伐に用いた道具の種類によって、罰則を変えている場合もあった。近江国《おうみのくに》三上《みかみ》村の承応《じょうおう》三年（一六五四）の掟では、木の幹を伐った者は村から追放、松の枝を折った者は米五斗の過料、小枝を伐った者は米三斗の過料と定められている（米の単位については後述）。また、越前国今泉浦《いまいずみうら》では、寛文《かんぶん》五年（一六六五）に、鎌を用いた盗伐の過料は銀五匁《もんめ》、鉈を用いた場合は銀一〇匁、「よき（斧）」を用いたら銀二〇匁としている。用いた道具が大きいほど盗伐の被害も大きくなるので、それだけ過料も重くしているわけである（以上は前田正治氏の研究による）。

林野は村々の共同の場かつ対立の場

広大な林野は、特定個人が独占的に利用することは難しく、さまざまな人びとがそれぞれの目的に応じて利用する場であった。前述のように、百姓は肥料・食料・燃料・用材などを林野から獲得するが、武士も食料・燃料・用材などを林野から得た。猟師は林野で狩猟をし、林業関係者や木工職人も林野を生業の場としていた。百姓たちが林野で炭焼き（木材を焼いて炭を作ること）をする場合もあった。

多様な身分・職業の人びとが、同一の林野を重層的に利用していたのである。武士が杉・ヒノキなどの良材をとり、百姓は草や木の枝を採取し、猟師はそこで動物を撃つといった具合に、同一林野を棲み分け的に利用していた。個人所有の林野であっても、持ち主の完全な独占ではなく、そこの地主が最初にそこから必要な草や木の枝を採取した後は、ほかの村人たちがそこに入って草や木の枝を採ってもよいことになっていた例は多い。

村人たちの林野に対する権利は、必ずしも対等平等ではなかった。林野の利用は農業生産を維持するためであり、農業生産の場である耕地の所有規模は家ごとに異なっていたから、各家の耕地の所有規模に応じて、林野の利用権にも差がある場合が多かった。多くの土地を所有する地主ほど、入会地から多くの草や木の枝を採取できたのである。土地を所有しない村人には入会地の利用権がなかったり、制限されたりすることもあった。ただし、これは形式的には不平等だが、各家が所有する耕地に見合うだけの林野を利用できるという意味では、実質的な平等だとみることもできる。そして、歴史的には、耕地を所有しない村人にも林野の利用が認められていく傾向にあった。耕地を所有していなくても、小作人として農業をしていれば肥料は必要だし、炭や薪を売って現金収入を得ることもできたから、耕地を所有しない村人にとっても林野の利用権拡大のメリットは大きかった。

また、屋敷地（宅地）や耕地の周囲に拡がる林野は、村と村の境界になっていることが多かった。村同士は、林野によって境を接していたのである。百姓にとって林野が不可欠であるだけに、林野がいずれの村の領域に属するかは、百姓たちにとって大問題だった。百姓たちが利用できるのは、基本的に自村の領域内の林野だからである。一方で、複数の村がルールを決めて共同利用する入会林野も存在した（村々入会）。そのため、林野は、村々が共同・協力する場にもなれば、用益権をめぐって対立する場にもなったのである。

とりわけ、中世から近世に移る時期（戦国時代から江戸時代前期）には林野をめぐる村同士の争いが頻発し、その争いは村々による実力行使によって解決されることが多かった。自村の権益は、自力で守り抜くということである（自力救済）。村人たちは最初は平和的な交渉での解決を目指したものの、それで埒《らち》が明かない場合には、武器を取って相手の村民を林野から追い出すことで、自村の利用権を確保したのである。戦国時代には、武士だけでなく、百姓たちも刀や槍を所持していたから、村同士の争いの際にそれらが使用されて、死傷者が出ることも稀ではなかった。

しかし、こうした暴力による紛争解決方法は村人たちに多大な身体的犠牲と経済的負担（犠牲者への補償や自村に味方してくれる村への謝礼など）を強いるものであったから、しだいに人びとはこうしたあり方から脱却して、平和的な紛争解決の仕組みを希求するようになった。こうした社会の動向を踏まえて、豊臣秀吉やそれに続く徳川氏の統一政権は、実力行使による紛争解決を厳しく禁止した。その代わりに、問題が起こったときには権力者がそれを裁くことにしたのである。これを、「惣無事《そうぶじ》」政策という。「惣」とは「すべて」の意であり、「無事」とは戦争のない平和な状態を表す。すなわち、「惣無事」政策とは、日本国中すべての地域で戦争や武力抗争を禁止するものだった。そして、「惣無事」政策の結果、近世には、訴訟・裁判（当時は出入《でいり》・公事《くじ》などといった）が紛争解決の中心的手段となっていった。

一七世紀には全国的に耕地の大開発が進み、全国の耕地面積は慶長《けいちょう》五年（一六〇〇）の二二〇万町《ちょう》（一町は約一ヘクタール）から享保六年（一七二一）の二九六万町へと、約一・三五倍に増加した。耕地は林野を開拓して造成するから、耕地が増えればそれだけ林野は減少する。また、一七世紀には江戸・大坂をはじめ各地で城下町の建設が進み、建築資材として大量の樹木が伐採された。

そのため、全国的に林野の減少と荒廃が進み、森林保水力の低下による洪水の多発や、林野から得られる肥料の不足といった問題が発生した。こうした林野の危機は、一八世紀になると耕地開発ブームと都市建設ラッシュが一段落したことにより、とりあえず克服された。そして、大勢としては林野の保全が実現し、紛争は裁判によって平和的に解決するという体制が定着した。しかし、こうした人と林野との安定的な関係は、明治維新による政治・社会の混乱によって再び危機を迎えることになる。そのとき、人びとはどのように対処したのか。

本書では、日本史における人と林野の関係を静態的・固定的に捉えるのではなく、時代ごとの変化を重視して歴史の流れをダイナミックに把握してみたい。また、林野を実際に利用して暮らしていた農民たちの立場に立ち、彼らの肉声をできるだけ生かしながら叙述を進めようと思う。

江戸時代の「村」とは

本論に入る前に、本書の主人公である農民たちと彼ら・彼女らの生活の場であった村について、簡単に説明しておこう。本書では戦国時代から明治時代までを扱うが、その間に村のあり方も変化した。変化の内容については本論のなかで適宜ふれていくが、ここでは江戸時代の村を代表として取り上げよう。戦国時代や明治時代の村も、江戸時代の村と多くの共通点をもっているからである。

江戸時代の百姓たち（江戸時代の農民の大部分は百姓身分だった）は、家族でまとまって日々の暮らしを営んでいた。しかし、家はそれぞれが孤立して存在していたわけではない。家々が集まって村をつくり、村人同士が助け合って暮らしていたのである。

村は、江戸時代におけるもっとも普遍的かつ基礎的な集団だった。村が、社会の基礎単位だったのである。村は、百姓たちが生活と生産を営む場であると同時に、領主が百姓たちを把握するための支配・行政の単位でもあった。

江戸時代における全国の村の数は、元禄《げんろく》一〇年（一六九七）に六万三二七六、天保《てんぽう》五年（一八三四）に六万三五六二であった。現在の全国の市町村数は約一七〇〇だから、単純に平均して一つの市や町の中に三七程度の江戸時代の村が含まれていることになる。現在も市町村のなかにある大字《おおあざ》は、江戸時代の村を引き継いでいるケースが多い。

一八～一九世紀の平均的な村は、村高《むらだか》（村全体の石高《こくだか》。石高については後述）四〇〇～五〇〇石、耕地面積五〇町《ちょう》前後、人口四〇〇人くらいだった。江戸時代の村は今日の市町村と比べてずっと小規模だったから、そのぶんそこに暮らす人びとの結びつきは今日よりもはるかに強いものだった。農作業から冠婚葬祭にいたるまでの日常生活全般に関して、村人同士が助け合い、また規制し合っていたのである。江戸時代の村が共同体だといわれるゆえんである。

江戸時代は石高制の社会

江戸時代は石高制の社会だといわれている。大名・旗本など武士の領地の規模も、百姓の所持地の広狭や村の規模も、いずれも石高によって表示されたからである。

では、石高とは何だろうか。それは、田畑・屋敷地などの標準的な農業生産力を玄米の量で表したものである。一定面積の田から収穫される平均的な玄米量が、その田の石高なのである。畑や、まして屋敷地には通常米は作らないが、作ったと仮定して畑や屋敷地にも石高を設定した。

石高は、豊臣秀吉や江戸時代の幕府・大名が行なった土地の調査である検地《けんち》によって定められた。石高は、容積の単位である石《こく》・斗《と》・升《しょう》・合《ごう》・勺《しゃく》・才《さい》で表示された。

一石＝一〇斗、一斗＝一〇升、一升＝一〇合、一合＝一〇勺、一勺＝一〇才である。一升瓶が約一・八リットル入りであることは、現代人でも知っている。一石は一〇〇升だから、約一八〇リットルとなる。米一石の重さは約一五〇キログラム、米俵一俵

図2　江戸時代の面積の概念

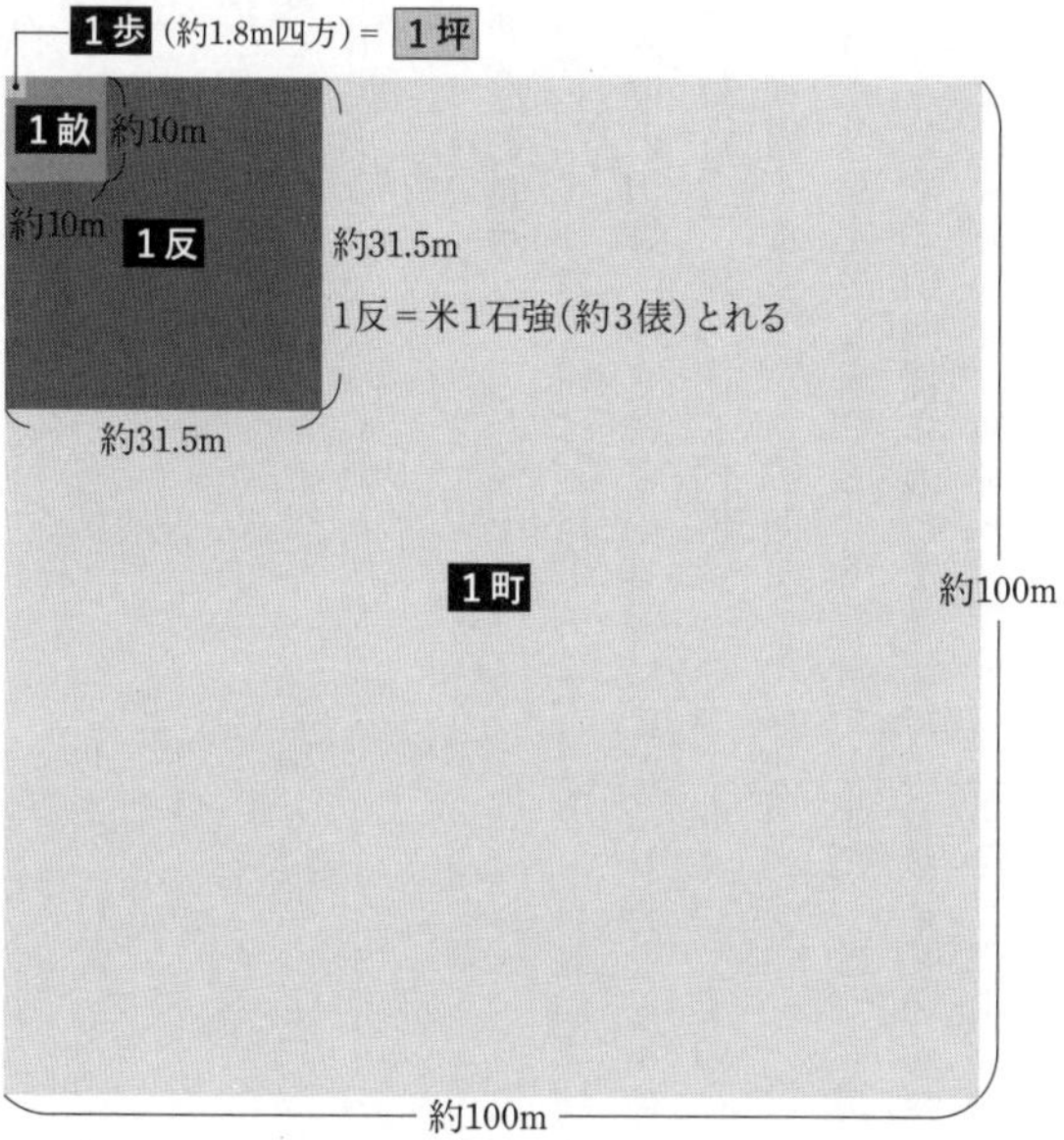

の重さは約六〇キログラムである（米一石＝三俵弱程度）。すなわち、米一石＝約一八〇リットル＝約一五〇キログラム＝米俵三俵弱（一俵＝約六〇キログラム）となる。

先に出てきた「町《ちょう》」についても、説明しておこう。江戸時代には、土地の面積を表す単位として町・反《たん》（段）・畝《せ》・歩《ぶ》が用いられた。一町＝一〇反、一反＝一〇畝、一畝＝三〇歩である。一歩＝一坪であり、これは一間《けん》（約一・八メートル）四方の面積である。およそ畳二畳分である。

一畝は三〇歩で、ほぼ一アール（一〇〇平方メートル）、一反は三〇〇歩で、ほぼ一〇〇〇平方メートル、一町は三〇〇〇歩で、ほぼ一ヘクタール（一〇〇メートル四方＝一万平方メートル）に相当する（図2参照）。

ごくおおまかに言って、一反の土地からは一石強（三俵程度）の米がとれると考えてほしい。一町の土地からは米一〇石強ということになる。ちなみに、現在では、一反の田から約一〇俵の米がとれる。

「村人」の構成

前述したように、村は、概念的に言うと、百姓の家屋が集まった集落を中核として、その周囲の田畑、さらにその外縁に広がる林野などを領域としてもっていた。集落・耕地・林野の三重の同心円構造といってもよい。そのなかで、林野は、村全体で共同所有・利用することが一般的だった（入会地）。

村は農業を主要な産業とする農村が大半だったが、海辺にあって漁業や海運業を中核とする村や、山間部にあって林業が重要産業である村、あるいは商工業者主体の都市化した村もあった。漁業・林業・商工業などが中心産業だった村も、珍しくなかったのである。ただし、そうした村の住民も、身分的には百姓だった。したがって、百姓＝農民だと単純に考えることはできない。

また、農村の住民であっても、農業以外に商工業・運送業・年季奉公・日雇いなど、多様な生業を兼業する人が少なくなかった。自村や近隣の村の地主の家や、城下町の商家などに雇われて、年季奉公や日雇いに出る者もいたのである。江戸時代の百姓は、兼業農家であることが一般的だった。この点からも、百姓を農業とだけ結びつけて理解することは正しくない（この点は後述）。

村人たちは、入会地や農業用水路の共同管理、村の中の道・橋の維持・管理、村にある寺院や神社の祭礼の挙行、治安維持、防火・消火、災害への対応などのさまざまな面で協力し合った。江戸時代には村や地域に専任の警察や消防はなかったから、治安維持や防火・消火も村人自らが担ったのである。

田植え・稲刈りなど一時に多量の労働力が必要な時期には、結《ゆい》・もやいなどと呼ばれる労働力交換・共同作業を行なって助け合った。家々が互いに労働力を提供し合って、一軒だけでは十分にこなせない作業を遂行したのである。

結について、田植えを例にとって説明しよう。田植え時には短期間に多くの労働力が必要になり、それは家族だけでは賄《まかな》えない。そうしたとき、たとえばA・B・C・D・Eの五戸の百姓家が結をつくる。そして、ある日にはA家の田植えをB・C・D・E各家の人びとが手伝って一気に終えてしまう。次の日には、B家の田植えに

A・C・D・E各家が協力する。その次の日には、C家の田植えにA・B・D・E各家が力を貸す。このように、家々が互いに労働力を提供し合って、一軒だけではスピーディにこなせない作業を効率的に遂行したのである。

村人の大部分は身分的には百姓だったが、一部には僧侶・神職・被差別民なども含んでいた。また、百姓身分のなかにも、田畑などの土地を所持する本百姓《ほんびゃくしょう》（高持《たかもち》）と、土地をもたない水呑《みずのみ》（無高《むだか》）などの階層区分があり、水呑を正規の百姓身分とは認めない村もあった。さらに、名子《なご》・被官《ひかん》・下人《げにん》などと呼ばれて、特定の本百姓に従属して、その家（主家《しゅけ》）に労働奉仕などの義務を負う住民もいた。名子・被官・下人も、正規の百姓身分とは認められなかった。下人は、名子・被官よりも主家への従属度が高かった。

村の家々は五戸前後がまとまって五人組をつくり、相互に助け合うとともに、年貢納入などの際には連帯責任を負った。五人組は、領主が、百姓同士を相互に監視させ、また連帯責任によって年貢を確実に徴収するためにつくらせた組織だが、いったんできると、今度は百姓たちの相互扶助組織として重要な役割を果たした。

また、本家とそこから分かれた分家が集まって同族団をつくって互いに助け合ったり、村のなかがいくつかの小集落に分かれていて、小集落ごとに日常生活上で強くまとまったりしていることも多かった。家々が一か所に集まって集落をつくっている

図3　村を構成する複数の小集団

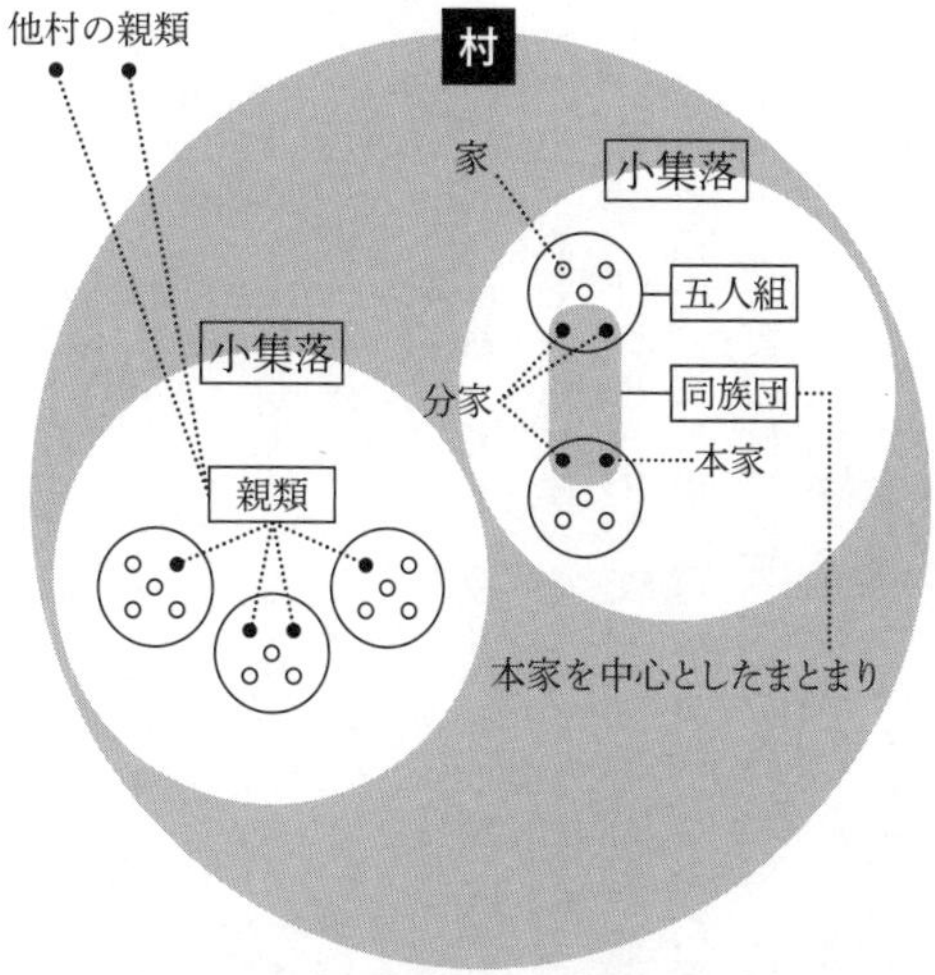

村のなかでは、村人たちが複数の小集落に分かれて住んでいることも多かった。また、村人たちは五人組・同族団・親類などの多様なつながりをもちつつ暮らしていた。五人組は地縁的にまとまっていることが多いが、同族団や親類は村内で離れて住んでいることも多く、他村の百姓との親類関係も結ばれた。

村もあれば、内部に複数の小集落をもつ村もあり、さらに集落をつくらずに家々が村域内の各所に散在している村もあったのである。

このように、村の住民には多様な身分・階層・職業の人びとがおり、村のなかには複数の小集団（五人組・同族団・親類・小集落など）が重なり合って存在していたのである（図3参照）。

「百姓＝農民」ではない

われわれはともすると

百姓＝農民だと思いがちだが、実は江戸時代の百姓は、前述のように二重の意味で農民と同義ではなかった。

第一に、百姓のなかには、漁業・林業・商工業など多様な職業に携わっている人たちが含まれていた。海辺に住んで漁業に従事する人たちも、村に住む鍛冶屋や染物屋などの職人も、百姓の一員だったのだ。そして、こうした漁民や職人たちも、いくらかの土地を所有して農業も行なう場合が多かった。専業農家だけが百姓なのではなく、百姓とは農・山・漁村を含めた村に住んで、多様な生業に従事する人びとだと考える必要がある。

第二に、そうは言っても、百姓の多くが多かれ少なかれ農業を行なっていたことも事実である。けれども、農業をしていれば即百姓だということにはならなかった。百姓とは、本来、土地を所有して自立した経営を営み、領主に対して年貢などの負担を果たし、村と領主の双方から百姓と認められた者に与えられる身分呼称だった。

したがって、現実に村に住み農業を行なっていても、村人たちや領主が一人前の百姓と認定しなければ、百姓たりえなかったのである。たとえば、よそから移住してきたばかりの者などは、村人たちがその人品を見定めて百姓の仲間に入れてもよいと判断するまでは、正規の百姓とは認められなかった。

百姓とは、特定の職業従事者の呼称ではなく、土地所有や職業と深く関連しつつも、村人たちと領主の双方が村の正規の構成員として認めた者のことだったのだ。そして、村と領主のうち、第一義的に百姓メンバーを認定したのは村であり、領主は基本的には村の決定を追認する立場にあった。百姓とは、村内で成員資格を認められた家（厳密にはその家の戸主）に付与された呼称だったのである。したがって、誰でも百姓になれるわけではなく、百姓とは一つのステイタスシンボルだった。そこで、江戸時代の百姓たちは、胸を張って自身を百姓だと名乗っていたのである。

百姓たちは、皆が専業農家だったわけではない。さまざまな生業を兼業し、場合によっては農業のほうが副業であることもあった。また、所有地ゼロの家は水呑と呼ばれて、当初は一人前の百姓とは認められなかった。しかし、水呑の家もしだいに村内での発言権を強めて、百姓の一員、ないしは百姓に準じる存在として認められるようになった。

さらに、以前は耕地を所有していたが、今はそれを手放して、主に商売をして暮らしている家であっても、ほかの村人たちが百姓の一員だと認めれば百姓たりえたのである。そこで、本書では、所有地ゼロの家も含めて、広く百姓と呼ぶことにする。百姓については、以上の点をおさえておく必要がある。

土地と農業を守って生きる

江戸時代の百姓たちは、経営をできるだけ多角化し、家族労働力を可能なかぎりさまざまな生業に効率的に配分することによって経営を維持・発展させようとした。しかし、同時に、できる限り農業を続けていこうともしていた。百姓たちにとって数ある生業のなかでも、農業とそれを営む土地は特別の意味をもっていたのである。百姓即農民と単純に考えることは誤りだが、百姓と農業の間に深い関わりがあったことも確かなのだ。

耕地は、百姓家の財産（家産）の中心だった。そして、家を守り、家産をきちんと子孫に伝えることが、多くの百姓の生き甲斐になっていた。家はそのときどきの戸主（家長）によって統括されたが、戸主は所有地を自由に子どもたちに分割したり、売却・譲渡したりすることはできず、先祖から伝わった家の土地を減らすことなく、できれば少しでも増やして後継者に伝える責任があるものと考えられていた。

百姓の所有地は先祖からの預かりものたる家産であって、戸主個人や家族が勝手に処分してはならなかったのだ。江戸時代の百姓の土地所有は、基本的に個人ではなく、家を単位としていた。そして、家産は一人の子ども（多くの場合は長男）に単独相続されるようになった。ここに、「家を継ぐ」という観念が生まれてきたのである。

この点を、江戸時代人自身が、次のように言っている（現代語訳）。

どの農家にも、先祖から譲り受けた耕地や財産がある。それらを自分の物だと思うことは、最大の誤りである。ゆめゆめ自分の物だとは思うな。それらは、家を興した先祖の耕地・財産であって、先祖からの預かり物である。大切に所持して、子孫に伝えるべきだ。（中略）家の先祖は主人、現時点での家長は手代《てだい》・番頭のようなものだ。時の家長は、主人の宝を預かって家を経営しているのであり、生涯に一度は功績を立てて家を発展させることが、父母・先祖への孝となるのだ。（『農業要集』）

家督相続について。先祖より代々伝わった家財・田畑・山林などは、皆預かり物である。預かり物はすべて大切に手入れし、損じた品は補充し、一品たりとも不足のないようにして子孫に譲るのが、家長の第一の務めである。（『吉茂《よししげ》遺訓』）

このように、百姓たちは先祖伝来の所有地を手放すことに対して非常に大きな抵抗感をもっていた。土地を失うということは、御先祖様に顔向けのできない大失態だったのである。そのため、経済的困難により土地を手放さざるをえなかった百姓は、懸命になって失った土地を取り戻そうとした。ここに、百姓と土地・農業との特別なつながりをみてとれる。

こうした百姓たちの思いは、現代にも受け継がれている。今日、後継者不足の問題をみてもわかるように、日本の農業は大きな曲がり角にさしかかっている。渡辺靖仁氏が行なった、二〇一〇年の全国的アンケート調査の分析結果(「農家の経営リスク観と保障需要」、『共済総合研究』六二号)によると、多くの農家が、将来に大きな危機感を抱いていることがわかる。

しかし、そうしたなかでも、手取り米価が変化した場合の今後の経営方針については、「先祖からの土地を守るため、人に貸すと心配なので、米価に関係なく自作する」と答えた農家が三七・八パーセントあり、選択肢のなかでは最高の選択率になっている。ここからは、現代においても、多くの農家が先祖伝来の土地に対して非常に強い愛着をもっていることがわかる。そして、江戸時代においては現代以上に、土地と農業はあくまで守り抜くべきものだった。

農業を守っていくためには、まず所有する耕地を失わないことだ。そのために、百姓たちは、農業経営に工夫を凝らし、重労働・長時間労働をこなし、経営を多角化して世帯の総収入の最大化を目指した。また、領主に対しては年貢の減免などを要求した。

しかし、経済的困難などで所有地を手放さざるをえなくなることもある。そのときには、地主の所有地を借りて小作した。そうすると、地主に小作料を払わなければならない。その小作料には、地主が領主に納める年貢と、地主自身の取り分の両方が含まれる。自分の所有地（自作地）を耕作する場合は年貢だけを納めればいいわけだから、地主の取り分が上乗せされる分だけ、小作農の負担は自作農よりも重くなる。

小作人は、そうした重い負担をしつつも農業を続けていくために、自作農以上に懸命に農作業に励むとともに、地主に対しては小作料をできるだけ安くしてくれるように交渉した。ときには、小作人たちが集団で、地主たちと団体交渉をすることもあった。そうして、できれば自作農への上昇を目指したのである。

このように、江戸時代の百姓たちは、自作・小作それぞれに、自助努力と他者（領主・地主）への働きかけという二つの方向で、土地と農業に依拠して生きていこうとしていたのである。

村の運営法

先に述べたように、村は、領主の支配・行政の単位、すなわち行政組織でもあった。そこで、村の運営のために村役人が置かれた。村役人は、名《な》主《ぬし》（庄屋《しょうや》・肝煎《きもいり》という村もあった）・組頭《くみがしら》・百姓代《ひゃくしょうだい》（長《おとな(おさ)》百姓《びゃくしょう》という村もあった）の三者で構成されることが多く、これを村方三役《むらかたさんやく》といった。村方三役は、いずれも百姓が務めた。

名主は村運営の最高責任者、組頭はその補佐役であり、百姓代は名主・組頭の監視・補佐を主な職務としていた。名主は世襲で任期がないこともあれば、任期制のこともあった。前者の場合は、村内で特定の有力な家の当主が、代々名主を世襲した。後者の場合には、入札《いれふだ》（投票）で後任を選ぶこともあった。江戸時代から、選挙で代表者を決めていた村もあったのである。

入札を行なう村は、江戸時代を通じてしだいに増えていった。組頭や百姓代も、それぞれの村の事情と村人たちの意向に応じて、多様な方法で決められた。村役人の選出方法は村によって異なり、同じ村でも時期によって違っていたのである。

ただし、村役人、特に名主は、最終的には領主が任命した。領主が村の意向を尊重して、村で選んだ人物をそのまま名主に任命すれば問題はなかったが、時には両者の意向が対立して紛糾することもあった。

名主は、村人たちの代表であると同時に、領主の政策・方針の村における実行者でもあるという二重の性格をもっており、そのため選出過程においても村側と領主側の双方の意向がはたらいたのである。

村の運営（年貢の収納や村の人口調査など）は村役人が中心的に担ったが、村の重要事項（村独自の規約の制定や村の年間行事の決定など）は戸主全員の寄合《よりあい》（集会）で決められ、村運営のための必要経費（これを村入用《むらにゅうよう》という）は村民が分担して負担するなど、村は自治的に運営されていた。

村独自の規約（これを村法《そんぽう》・村掟《むらおきて》という）の内容は村ごとに多様であり、ときには領主法とは異なる内容が盛り込まれることもあった。こうした村の自治の背景には、兵農分離によって、武士の多くが城下町に集住するようになったため、日常的な村運営が村人たちに委ねられたという事情があった。

ちなみに、兵農分離とは、支配身分である武士（兵）と被支配身分である百姓（農）とを区別し、前者が後者を支配する体制のことである。

戦国時代には、村の上層住民（地侍《じざむらい》などと呼ばれる）のなかには、農業や商工業を営みつつ、戦国大名の家臣となっている者が大勢いた。同一人が兵と農を兼ねることができ、また兵と農の間は流動的だった。豊臣秀吉や江戸幕府は、彼らの多くを村から引き離し、城下町に集住させたのである。武士になった地侍たちは、城下町に移住して村に戻ることはなかった。そのため、江戸時代の多くの村は、武士のいない村になった。武士は城下町から文書によって村に必要な指示を出し、百姓たちも文書を用いて武士に報告や要求を伝えるようになった。

こうして、江戸時代には文書行政が発達していったのである。百姓たちは文書行政に対応するために読み書きを学び、村には寺子屋（手習塾）が増えていった。読み書きのできる百姓や、村の寺の住職や神社の神職などが、本業のかたわら寺子屋を開設して、子どもたちを教えたのである。

百姓はどう年貢を負担したか——村請制

百姓の負担には、田・畑・屋敷地など検地帳に登録された土地（高請地《たかうけち》）に賦課される年貢（本年貢《ほん》・本途物成《ほんともの なり》）をはじめ、山・野・河・海の産物や商工業の収益にかかる小物成《こものなり》、大規模な治水工事や国家的事業（朝鮮からの外交使節の接待など）にかかる経費や労働力を負担する国役《くにやく》などがあった。

幕府や大名は、村を単位に検地を実施した。検地では、担当役人が畔《あぜ》で区切られた一区画ごとに土地の面積を調査し、地味に応じて耕地に上・中・下・下々《げげ》といった等級をつけた。上田《じょうでん》・中畑《ちゅうばた》といった具合である。たとえば、上田の石高は一反の面積につき一石五斗、下々田は九斗などとされた。

土地の一区画ごとに、検地によって把握された耕地面積、等級、田畑の別、そこからの米の標準生産高（石高）、土地所持者（名請人《なうけにん》という）などの情報を記した帳面が検地帳であり、村のすべての田・畑・屋敷地の石高を合計した数値が村高である。検地を通じて、土地生産力を米の量で換算表示する石高制が確立していった。

百姓の負担は、都市の町人と比べて相対的に重いものであった。ただし、これらの負担は、領主から個々の村民に対して直接賦課されたわけではない。江戸時代には、年貢などの諸負担は村全体でまとめて納入する制度になっていたのである。これを、村請制《むらうけ》という。

領主は村に年貢の総額を示すだけで、あとは名主を中心に村人たちが自主的に各自の負担額を確定し、名主が村全体の年貢を取りまとめて領主に上納したのである。村請の年貢の徴収・納入を主体的に担うことを通じて、村人たちの自治能力・行政能力は大きく伸びていった。

一七世紀から一八世紀前半にかけては、各地で新田開発（新しい田畑の開墾）が進んで耕地面積が大幅に増加し、農具の改良や購入肥料（金肥《きんぴ》）の使用など農業技術が進歩した。

江戸時代の肥料の主流は、前述したように各種の自給肥料だった。それが、しだいに、速効性のある購入肥料（金肥）の割合が増えていった。金肥には、鰯《いわし》を干して乾燥させたもの（干鰯《ほしか》）や、菜種や棉《わた》の実から油を搾ったあとの粕（油粕《あぶらかす》）などがあった。とはいえ、肥料供給源としての山野の重要性は依然として高かった。

一八世紀以降になると、棉などの商品作物（自給用ではなく、売却して貨幣を入手するために作る作物）の栽培やその加工業も広がり、各地の特産物が確立し（阿波国の藍、出羽国村山郡の紅花《べにばな》など）、村における商品・貨幣経済はいっそう発展していった。

商品・貨幣経済の進展により、百姓たちの間における貨幣の必要度はいっそう増していった。それにともなって、百姓のなかには、ほかの百姓に田畑を担保に取って金を貸し、借金が返せないと担保の田畑を質流れのかたちで手に入れて、経営を拡大していく者が生まれてきた。これを、豪農《ごうのう》という。

その一方で、借金が返せずに所有地を手放し、小作人になる者が増加していった。社会全体としては富が増加し、物質的・文化的生活が豊かになっていったが、他方で貧富の格差拡大が顕在化するようになった。一面で、現代の日本社会とも通底するような現象がみられたのである。

そのなかで、一八世紀後半以降、百姓一揆（百姓たちの領主に対する抗議運動）や村《むら》方騒動《かたそうどう》（村内部における村役人と一般の百姓、地主と小作人などの争い）の件数が増えていった。村社会も大きく変容していったのである。

江戸時代には閏月があった

ここで、江戸時代の暦について簡単に述べておこう。今日でも閏年はあるが、江戸時代には閏月《うるうづき》があったのである。江戸時代の暦は太陰太陽暦《たいいんたいようれき》だった。月の運行をもとにした太陰暦を基本にしつつ、太陽の運行をもとにした太陽暦を組み合わせた暦である。

月の運行を基準にすると、新月から次の新月までの一サイクルは平均二九・五三〇六日なので、太陰太陽暦ではひと月は二九日か三〇日となる。現代の太陽暦より、ひと月が一日か二日少ないのである。二九日の月を小の月、三〇日の月を大の月という（月の最後の日が晦日《みそか》）。一年は三五四日だった。

しかし、これでは太陽暦と年に一〇日以上のズレが生じてしまうので、太陽暦との調整のために、一九年間に七回の閏月をおいた。およそ、三年に一回である。閏月とは、ある月が終わったあとに、もう一回同じ月を繰り返すことである。たとえば、二月のあとにもう一回二月がくるのであり、あとのほうの二月を閏二月といった。閏月のある年は、一年が一三か月あり、一年が三八三日もしくは三八四日となった。何月が閏月になるかは、一定していなかった。

一両は今のいくらか？

江戸時代の一両は今のいくらに相当するのだろうか。ここで、江戸時代の貨幣制度について述べておこう。

江戸時代には、金・銀・銭三種の貨幣が併用された。これを三貨という。

金貨には大判・小判などがあり、その単位は両・分《ぶ》・朱で、一両＝四分、一分＝四朱という四進法だった。小判一枚が一両となる。

銀貨の単位は貫・匁《もんめ》で、一貫＝一〇〇〇匁だった。

銭貨の単位は貫・文《もん》であり、一貫＝一〇〇〇文だった。もっともポピュラーな銭貨だった寛永通宝《かんえいつうほう》など、銅銭一枚が一文である。

三貨相互の交換比率は時と場所によって変動したが、おおよその目安として、江戸時代後期には金一両＝銀六〇匁＝銭五〇〇〇〜六〇〇〇文くらいと考えればいいだろう。金一両でほぼ米一石が買えた。

江戸時代の貨幣価値が現代のいくらに相当するかは難しい問題である。日本人の主食である米の値段を基準に考えると（同量の米が、江戸時代と現代とでそれぞれいくらするかを比べる）、金一両＝六万三〇〇〇円、銀一匁＝一〇五〇円、銭一文＝一一円くらいとなる。一方、賃金水準をもとに考えると（大工など同一の職種の賃金が、江戸時代と現代でそれぞれいくらかを比べる）、金一両＝三〇万円、銀一匁＝五〇〇〇円、銭一文＝五五円くらいとなる（磯田道史監修『江戸の家計簿』を参考にした）。いずれにしても、これらはあくまで一つの目安に過ぎない。おおよそ、金一両＝一〇万〜一五万円と考えておけば大過なかろう。

第一章

日本人は山とどう付き合ってきたか

室町・戦国・江戸・明治——全国各地の事例より

山をめぐる死闘――中世〜江戸初期の湯起請、鉄火起請

江戸時代の村についての一般的な説明は以上にして、ここから本題に入っていこう。本章では、室町時代から明治時代にかけての山野と人びとの営みに関して、いくつかの特徴的な事例をあげてみたい。まず、林野の紛争解決の作法から。

先に、中世から近世（江戸時代）に移る時期には林野をめぐる村同士の争いが頻発したと述べた。その際、中世においては、林野の境界や権益をめぐる争いは、村の自力（暴力・武力）によって解決されることが多かった。ただし、互いの話し合いによって平和的に解決する場合ももちろんあり、そのほうが村にとっても犠牲が少なくて済んだ。村同士の争いの際、第三者たる近隣の村々は、仲裁に入ったり、あるいは武力抗争のどちらかの側に加担したりした。

争いの当事者が幕府や領主の裁判に訴えることもあったが、それが唯一の解決方法ではなく、裁判はあくまで紛争解決のための選択肢の一つに過ぎなかった。また、仮に裁判で勝ったとしても、負けた側がそれで納得しないことも多く、その際には勝った側は結局自力で判決内容を現実のものとしなければならなかった。中世の権力は、判決内容に基づいて強制執行してはくれなかったのである。

対立が武力抗争に及んだ場合、対立する双方の村人たちは、刀や槍を取って戦った。当然、負傷者や死者も発生した。戦国時代の戦争は武士だけのものではなく、村人た

ちも自らの権益は自力で守らなければならなかったのである。これが、厳しい自力の掟であった。

そうした自力の世界の紛争解決方法の一つに、湯起請《ゆぎしょう》と呼ばれるものがあった。これは、争う双方の村の代表者が熱湯に手を入れ、火傷の有無や程度によって神仏の意思を問うものである。理非の判定を神仏に委ねるわけである（神判）。

火傷をしなかったり、相手よりも火傷の程度が軽かったりしたほうの主張が正しいとされた。村同士の合戦に比べれば人的犠牲は少なくて済んだかもしれないが、湯起請を行なう村の代表者にとってはきわめて過酷なものであった。こうした湯起請は、室町時代の一五世紀に流行した。

戦国時代から江戸時代初期にかけては、湯起請に代わって鉄火起請《てっかきしょう》が広く行なわれた。鉄火起請とは、焼けた鉄（鉄棒など）を手の平に載せ、火傷の程度によって勝敗を決するという、湯起請に類似した方法である。ただし、灼熱の鉄を手に載せるほうが、熱湯に手を入れるよりさらに火傷の程度はひどくなる。その点で、鉄火起請は湯起請よりもいっそう過酷な神判であった。

湯起請や鉄火起請は当事者同士の話し合いや領主の裁判では決着がつかない場合、すなわち人智によっては解決不可能なときに採用された。人智を超えた神仏の意思が問われたのである。

湯起請も鉄火起請も、為政者側から提案あるいは強制される場合もあれば、逆に当事者たちが希望する場合もあった。湯起請・鉄火起請は、双方の村、とりわけ実際に熱湯に手を入れたり、焼けた鉄を手に載せたりする当人にとっては後々まで後遺症の残りかねない過酷なものだったが、それでも村々の側がそうした方法での決着を望むこともあったのである。それだけ、林野は村にとって不可欠なものであり、耕地開発の進行と林野の減少にともなって、林野をめぐる村同士の対立が抜き差しならないほどに激化していたということであろう。

また、これほど過酷な方法を実行しなければ神仏が判断を示さないということは、それだけ人びとと神仏の距離が遠くなったことを表していよう。人びとと神仏の距離が近ければ、人びとが普通に尋ねただけで、神仏はそれに応えてくれるはずだからである。その意味で、湯起請・鉄火起請は、神仏を信じるがゆえに行なわれたものであるとともに、人びとの信仰心がある程度希薄化していたことを示すものでもあった（以上は、清水克行氏の研究による）。

会津の村の鉄火裁判〈江戸初期〉

では、実際に鉄火起請はどのように行なわれたのか。会津《あいづ》地方の事例をみてみよう（以下は、山本幸俊氏の研究による）。

紹介するのは、会津藩（蒲生氏《がもう》）領の稲川郡綱沢《つなざわ》（縄沢）村と松尾村（いずれも現福島県耶麻《やま》郡西会津町）の山野の境界をめぐる争いである。この付近は、北に飯豊《いいで》山地、南に越後山脈の山々が迫り、その間を阿賀野川が西に流れる豪雪地帯である。両村は標高三三八メートルの一ノ沢《いちのさわ》山を挟んで、三キロメートルほど隔たっていた。争いは、元和《げんな》四年（一六一八）一月に、日影平《ひかげひら》という山をめぐって始まった。元和五年二月に、綱沢村が会津藩に提出した訴状には、次のようにある（現代語訳）。

日影平は、綱沢村の山です。ところが、一月二三日に、綱沢村の者どもが日影平に木を伐りに行くと、松尾村の者どもが現れて、理不尽にも綱沢村の者が持っていた鉈《なた》を奪い取りました。

翌二四日にも、綱沢村の者どもが日影平で木を伐っていると、松尾村の者どももも木を伐りに来ていたので、昨日取られた鉈を取り返しました。

松尾村は大きな村、綱沢村は小さな村です。松尾村では、それをいいことに、綱沢村に理不尽な行為を仕掛けてくるので迷惑しています。

二月九日に、綱沢村の者どもが日影平で木を伐っていると、松尾村の者どもが大勢、ほら貝を吹き采配《さいはい》を振ってやってきました。綱沢村から、どういうつもりかと事情を聴きに二人の使者を派遣したところ、松尾村の者どもはその使者をさんざんに殴りつけました。使者は負傷して、自力では戻ってくることができませんでした。

そこで、さらに三人の使者を遣わしたところ、彼らもまた暴行を受けました。合わせて五人がさんざんに殴られたのです。このうち二人は、今日明日中にも絶命するほどの重体です。もし絶命するようなことになった場合には、松尾村の者どもを処罰してください。

松尾村は日影平に新たに耕地を開拓し、村からそこに至る道をつけたりして、日影平を横領しようとたくらんでいます。ついては、会津藩から日影平に現地調査のために御役人様を派遣していただき、従来通り日影平が綱沢村の山であることをはっきりさせていただきたいと存じます。

このように、綱沢・松尾両村の争いは、山野で使う道具の奪取にはじまって、暴力沙汰に発展しており、重傷者も出ている。ほら貝を吹き采配を振るうなど、それが事実とすれば戦国大名の合戦さながらである。

こうした綱沢村の主張に対して、松尾村からも反論書が提出された。松尾村は、日影平は自村の領分だという。両者の主張は、真っ向から対立した。

会津藩では双方の主張を吟味し、また現地に役人を派遣したりしたが、結論を出すことができなかった。そこで、藩では、鉄火起請による決着を提案した。その一方で、藩側は、日影平には両村とも立ち入らないことにするという案も提示し、それによる解決を図ろうとした。係争地を、どちらの村にも属さない中立緩衝地帯とすることで、両村痛み分けの決着を目指したのである。藩としては、できれば犠牲をともなう鉄火裁判の実施は避けたかった。

ところが、両村とも「ぜひ、鉄火の勝負をしたい」と主張した。そのため、ついに鉄火が実施されることになった。とはいえ、実際に鉄火裁判を行なう段になると、綱沢村ではみな恐れて、村を代表して鉄火を取ろうとする者が誰も出なかった。

そこで、肝煎《きもいり》（村の代表者。他地域の名主・庄屋に当たる）の次郎右衛門《じろうえもん》が、「自分が鉄火を取ろう。しかし、鉄火を取った後では、火傷の後遺症で農作業はできないだろう。そこで、できれば村の皆さんの助力をお願いしたい」と述べて名乗り出た。村人たちは、後の援助を約束して、次郎右衛門に代表を依頼した。一方、松尾村からは、清右衛門《せいえもん》という屈強の者が代表となった。

鉄火は八月に、周辺村々の惣鎮守《そうちんじゅ》（村々の守り神）であった野沢本町村《のざわもとまち》（現西会津町）の諏訪神社で行なわれた。藩からも、役人が立ち会った。二人とも、神前に据えられた炎熱の炉辺《ろへん》へ進み出た。藩役人が炎のなかから焼けた鉄棒を挟んで、両者の手の平に載せた。次郎右衛門は、鉄火を三度まで額の高さに掲げたうえで台の上に置いた。しかし、清右衛門は、鉄棒を受けると同時に、熱さに耐えきれず地面に放り投げてしまった。これで綱沢村の勝利となり、日影平を綱沢村の領域とするかたちで両村の境界線が定められた。

清右衛門は藩によって死刑に処され、その死体はバラバラにされて、両村の山野の境に新たに築かれた、境界を示す塚の下に埋められたという。この事例では、敗者は偽りを主張した責任を問われて、火傷どころか生命まで失うことになったのである。これに対して、次郎右衛門は綱沢村の村人たちから約束通り農作業の援助を受け、それは一九世紀初頭の次郎右衛門の子孫の代まで続いた。これが、過酷な鉄火起請の実態であった。

この事例では、村側が鉄火起請を望んでいる。そして、藩の側は鉄火起請以外の方法で争いを解決することができず、結局鉄火起請を容認しているのである。ただし、一七世紀を通じて幕府・大名の裁判制度が確立するにつれて、鉄火裁判は姿を消していった。代わって、証拠と道理によって理非を判断する裁判が定着していったのである。現代の裁判制度に一歩近づいたといえよう。

近畿で三〇〇年続いた山争い〈一四一六～一七一六〉

今度は、目を近畿地方に転じて、湯起請をも含む長期の山争いの事例を紹介しよう（本項は、長谷川裕子氏の研究による）。

近江国《おうみのくに》滋賀郡小松村（現滋賀県大津市）と同国高島郡打下《うちおろし》村（現滋賀県高島市）は、両村の中間にある「鵜川《うかわ》」（現滋賀県高島市）という地域の山野の帰属をめぐって三〇〇年にわたって争った。両村とも、琵琶湖に面した湖岸の村である。

史料上確認できる最古の争いは、応永《おうえい》二三年（一四一六）のものである。このとき、小松と打下は山の境界をめぐって争い、湯起請に及んだ。湯起請の結果は打下の勝利となり、以後小松側は争点となった山（鵜川の領域の山〔鵜川山〕を含む）には立ち入らないことを打下側に誓約する証文を差し出した。ちなみに、これは実際に湯起請が行なわれたことが確認できる日本最古の事例である。

その後、永享《えいきょう》八年（一四三六）には、応永二三年のときと同じ山をめぐって争いが再発し、以後四年間にわたって争われた。争いは地元では解決できず、室町幕府の法廷に持ち込まれた。小松側は証拠となる絵図や古証文を提出したが、打下側は口頭での主張だけだったため（なぜ応永二三年時に小松側から差し出された証文を提出しなかったのかは不明である）、小松勝訴の判決が出そうな形勢になった。しかし、打下側があくまで自らの正当性を主張したため、幕府は双方に湯起請を命じた。そして、永享八年六月一六日に行なわれた湯起請の結果、今度は小松側の勝利となった。証拠資料だけでは決着がつかず、湯起請によってようやく決着がついたのである。

こうして幕府の裁判では小松側の勝利が確定したにもかかわらず、その後も打下は鵜川山への侵入を続けた。ここから、幕府の裁定が即、地域紛争の解決には結びつかなかったことがわかる。打下にとっては、鵜川山は木材や草の供給源として不可欠な存在であり、幕府の判決に抗してでも自力で確保したかったのである。しかし、室町幕府や、打下を支配する荘園領主が軍勢を派遣したこともあって、ようやく永享一二年には打下による鵜川への乱入がおさまった。

永享の争いに敗訴した打下は、その後は鵜川山の領有権そのものを争うのではなく、その山中に新たに耕地を開発し、その耕作に力を入れるようになった。耕地開発なら、草や木を採取するのではないからかまわないだろうという姿勢である。

ただし、永享の争いで鵜川山は小松の領域とされて小松側の占有権が認められたため、打下側がそこで耕作を営むにあたっては、小松側の許可が必要であった。また、鵜川山内に開発した耕地の年貢は、小松を通じて、当地を支配する戦国大名六角《ろっかく》氏やのちには織田信長の家臣明智光秀に納められた。しかし、打下から小松に渡す年貢が滞りがちとなり、それをめぐっても小松・打下間でトラブルが絶えなかった。

そうしたところに、文亀《ぶんき》二年（一五〇二）、永享の争いの結果定められた小松と打下の境界にある大杉が、打下によって伐採された。そこで小松側は実力をもって打下と対決する覚悟を決め、それまではこの争いに対して第三者の立場に立っていた近隣の村々にも助太刀を要請した。幸い、このときは、双方の武力衝突はギリギリのところで回避された。

文禄《ぶんろく》四年（一五九五）には、小松が北小松村と南小松村に分割され、二つの村になった。そして、江戸時代の当初は、鵜川にある集落（当時鵜川には人も住んでいた）は北小松村の枝郷《えだごう》（北小松村に付属する集落）とされた。そのため、江戸時代の争いは、鵜川の集落と山野をめぐる、北小松村と打下村の争いとして展開する。そして、鵜川の人びとは、北小松村からの自立を望んだためか、基本的に打下村の側に付いた。鵜川は行政的には北小松村に付属したが、鵜川の人びとは逆に打下村と協力関係を結んだのである。

慶長《けいちょう》九年（一六〇四）には、北小松村が、鵜川の地は北小松村の領域内であるから、打下村が鵜川の地先の琵琶湖水面で漁業をすることは違法であるとして、江戸幕府に訴え出た（この時期、両村の領主が異なっていたため、訴訟は江戸幕府が裁いた）。鵜川地区の陸地部分が北小松村の領域であるのと同様に、鵜川の前に拡がる湖面も北小松村の領域であり、他村の者はそこでの操業はできないという主張である。ここに至って、山争いが漁業権の争い、湖面の領有権争いにまで拡大したのである。争いの過程では両村の武力衝突も起こったが、最後は北小松側の勝訴で決着した。

また、慶長一七年（一六一二）には、鵜川山で切り出した石を北小松と打下どちらの船に積むかで争っている。江戸時代になると、各地における城下町建設等で石材の需要が増加したため、山からの石の切り出しがさかんになった。林野の新たな用益方法の出現であり、このように林野はさまざまなかたちでの利用が可能だった。そのため今度は、石の積載・輸送の権利が争点として浮上したのである。

その後、元禄《げんろく》一四年（一七〇二）に、鵜川は北小松村から独立した。枝郷ではなく、鵜川村という自立した一つの村として認定されたのである。ただし、北小松村は、その後も鵜川山における権益を主張し続けた。

宝永《ほうえい》七年（一七一〇）には、打下村の者が、鵜川山から切り出した石を自村の船で運んだところ、北小松村が自村の船に積むよう主張して訴訟になった。慶長一七年のときと同様の争点である。北小松側は、鵜川はもともと小松の領域内だったのであるから、鵜川山の石は北小松の船に積むべきであるという論法をとった。

そのため、船荷をめぐる争いは、中世以来の小松と打下の境界争いへと展開していった。このとき、鵜川村は文禄四年（一五九五）のときと同様、打下側に付いた。この訴訟は、翌正徳《しょうとく》元年（一七一一）に、打下村の提出した古証文は証拠たり得ないとされて、北小松村の勝訴となった。また、鵜川山における北小松村の権益があらためて認められた。

しかし、これに納得できない鵜川・打下側はさらに訴訟を提起した。そのとき鵜川・打下側が自らの正当性の根拠として強調したのが、応永二三年（一四一六）の訴訟時の証文であった。前述のように、その証文で、小松側は、以後鵜川山には立ち入らないことを誓約していた。三〇〇年近く前の証文が、ここで登場したのである。

享保《きょうほう》元年（一七一六）の幕府の判決は、応永二三年の証文の効力を認め、鵜川村の領域における北小松村の権益を否定した。元禄一四年以降、鵜川村が北小松村から独立していたことも判決に影響したと思われる。

それまで、応永二三年時を除いて一貫して小松側の勝利が続いていた争いが、ここで一転して鵜川・打下側の勝利となったのである。そして、これ以降、江戸時代を通じて大きな争いは起こらなかった。

以上述べた小松と打下の争いは、何と三〇〇年の長きにわたって続いている。その最初と最後は打下側の勝利であったが、その間に争点は、林野の領有と利用、山間における耕地開発、琵琶湖での漁業権、山から切り出した石の積載権など多岐にわたった。林野は多目的の利用が可能な豊饒の大地であり、村人たちの生産と生活に不可欠の土地であった。だからこそ争いがここまで長期化したのであり、そのことが林野の重要性を遺憾なく示している。

戦国時代の「立山・立林」——戦国大名と村の共生

戦国大名は、領域内に立山《たてやま》・立林《たてばやし》という領主林を設定した。立山・立林は戦国大名が占有する林野であり、大名はそこから軍事物資や建築用材としての材木や竹を独占的に伐り出した。ただし、立山・立林は、大名が林野から民衆を一方的に排除して設定したわけではない。

むしろ、立山・立林は、林野をめぐる村々の動向を契機として設定されることが多かった。たとえば、林野を利用する村が、他村による侵害を排除するために、大名に林野を進上することがあった。それによって、村の林野は立山・立林となり、樹木の伐採は制限されるが、下草《したくさ》（木陰に生えている草）や落ち葉の採取（肥料に用いる）は従来通り認められることが多かった。

そして、下草採取の権利が大名から公認されることにより、その権利は他村を排除して独占的に行使できるものとなった。村にとって大名のお墨付きを得ることのメリットは大きく、そのため自ら進んで林野を大名に進上したのである。進上する側としては、大名の求める材木・竹を提供し、あるいは山手銭《やまてせん》（林野の利用税）上納という経済的負担を負ってでも、下草を確保したかったのである。

また、村々の争いを終息させるために、大名が強制的に係争地となった林野を差し押さえて、立山・立林とすることもあった。係争地を、争うどちらのものともせず、戦国大名のものとすることによって、痛み分けのかたちで争いを終結させたのである。この場合は、大名が上から権力的に立山・立林を設定したわけだが、村々の紛争を解決するための措置であったという点において、村々にとっても受け入れられるものであった。

立山・立林では、主要な樹木は戦国大名が独占したが、立山・立林を領域内にもつ村の村人たちによる下草の採取は基本的に容認されていた。すなわち、大名と村々が棲み分けしつつ、ともに林野を利用していたのである。また、立山・立林となっても、そこは従来通り村人たちが維持・管理していた。

そして、こうしたあり方は江戸時代の御林《おはやし》（領主林）にも継承されていった。林野は、一面では、村と領主の共生の場だったといえよう。林野は多様な人びとが多様な目的でともに利用する空間であり、特定の者が排他的に独占することは困難だったのである（本項は、黒田基樹氏の研究による）。

江戸時代の「御林」——藩主と村の共生〈仙台藩のケース〉

次に、江戸時代における御林のありようをみておこう。

取り上げるのは、東北地方の仙台藩領の太平洋沿岸部、なかでも旧北上川（追波《おっぱ》川）河口部から追波湾沿岸地域である（本項は、高橋美貴氏の研究による）。

一八世紀初めが、この地域の林野における薪《まき》生産拡大の一つの画期になっている。その背景には、薪需要の増大があった。

仙台藩における御林（薪生産を目的とした雑木林《ぞうきばやし》型の御林）をめぐっては、御請状山《おうけじょうやま》と呼ばれる薪伐り出しの民間請負制度が、遅くとも一八世紀初めには行なわれていた。御請状山とは、運上金《うんじょうきん》（山林の利用税）上納と薪の現物上納を条件にして、御林からの薪の伐り出し権を、村が藩から請け負う制度である（御請状とは、仙台藩が出した薪採取の許可状のこと）。

御林は藩有林であるから、そこの樹木は藩のものである。そこで、藩は、村に運上金や薪の上納と引き換えに、御林の樹木の伐採を許可したのである。薪の伐り出しを請け負った村は、伐り出した薪の一部を藩に現物納して残りを売却し、その売却代金からさらに運上金を上納する。その残額が、請け負った村の収益となる。この請負は、基本的にはその御林を村域内にもつ村による村請であった。個人ではなく、村が主体となった請負だったのである。

一八世紀になると、御林からの薪伐り出しを請け負ったうえで、その伐り出し権をさらに他村の者に売却する「売山《うりやま》」という行為も行なわれるようになる。「売山」は、藩から御林における薪の伐り出しを請け負った村が、さらにその権利を又請けに出すものであった。

売山をする村にとっては、山の売却代金のなかから、運上金（と場合によっては現物納する薪の購入費用）を差し引いた金額が収益となる。一方、薪の伐り出し権を買い取った側は、伐り出した薪を自家消費に充てるか、あるいは売却した。売却した場合、その売却代から山を買い取った代金（又請け代）を差し引いた残額が収益になった。

御請状山制度は、藩側からみると、薪需要の拡大を背景に、御林を藩の税収源の一つとして位置付けていこうとするものであった。

一方、それを請け負う村にとっては、薪の売却代金から運上金や伐り出しの経費などを差し引いた残額が収益となるのであり、村の収益源の一つとして位置付けられた。そしてそれは、売山という又請けの慣行を通して、ほかの村や村人に対しても薪の伐り出しによって利益を上げるチャンスを提供するものであった。

そのなかで、村側から願い出て、村持ちの山を御林に組み込むことがあった。御林には、御請状山制度が適用される。したがって、村持山の御林への組み込みには、運上金上納や薪の現物納などの負担増がともなったが、一方で他村に対して山の利用権を強く主張できるというメリットもあった。村から山の進上を受けた藩は、その代償として進上した村に御請状山の請負権を保証したのであり、請負権を得た村は御請状を根拠に他村の利用を排除することができた。

そうしたメリット（独占的利用権）とデメリット（藩への負担）を勘案して、メリットのほうが大きいと村が判断したとき、御林としての進上がなされたのである。その点は、戦国時代の立山・立林の成立契機と共通していた。そして、御請状山制度と売山慣行は、御林からの収益を藩と村・地域社会が分け合う制度だったと評価できる。江戸時代においても、御林をめぐって村と藩とは共生関係にあった。百姓と武士の関係は、ともすれば対立関係や上下の支配関係がクローズアップされがちだが、山においては共存共栄を図る一面もあったのである。

神になった山争いの功労者〈一六九五～一六九八、信濃国〉

元禄八年（一六九五）から同一一年にかけて、信濃国高井郡木島郷の上木島《かみきじま》村など一八か村（現長野県木島平《きじまだいら》村・飯山《いいやま》市）と同郡夜間瀬《よませ》村（現長野県山ノ内町）とが入会山の帰属をめぐって争った。木島郷の村々は飯山《いいやま》藩領、夜間瀬村は尾張藩の支藩松平家領であった。係争地の山は、双方にとって山林資源獲得の場であるとともに農業用水の水源地でもあったため、森と水をめぐる二重の争いであった。

まず、元禄八年に木島郷村々が夜間瀬村を幕府に訴えた。争う双方の領主が異なる場合には、幕府に訴える決まりだったのである。そして、元禄九年に出された判決では夜間瀬村が勝訴した。

訴訟に敗れたあと、木島郷の百姓たちは上木島村の神職長坂織部《ながさかおりべ》に、「再度訴訟したいので代表になってほしい」と頼んだ。織部は、宗教者としての地位に加えて人望もあったため、百姓たちに頼られたのである。織部が断ると、百姓たちは領主である飯山藩に、織部の説得を願い出た。そのため、織部は藩から呼び出され、藩の役人から「木島郷の百姓たちの頼みを聞いてやることは、殿様のためにもなる」と諭された。それでも、織部が神職であることを理由に訴訟の代表を断ったところ、再度飯山藩の役所に呼び出された。そこで藩の役人から、藩主も織部が代表になることを望んでいると聞かされたため、ここに至って織部はついに代表を引き受けた。このように、飯山藩は村同士の訴訟に関与し、自領の村々を指導しているのである。

長坂織部の承諾を受けて、元禄九年に、木島郷村々は彼を代表に立てて、再度幕府に訴え出た。このとき、織部は訴訟の代表者としての資格を確かなものとするため、上木島村の名主となった。自分が村の代表であることを明示したのである。

審理は、証拠文書や口頭弁論に加えて、現地検分の結果も踏まえて進められた。織部たちは審理中、幕府の担当役人に付け届けを欠かさず、役人たちも内密に審理の感触を漏らしたりした。

審理のなかで、双方は互いに、相手方が実力行使をしていると非難し合った。木島郷側は言う。

「夜間瀬村の者たちは、われわれが採取した肥料用の草や薪を理不尽に押さえ取りました。そのうえ、木島郷の百姓をさんざんに打ちのめし、持っていた鉈や鉞《まさかり》などを奪い取りました。また、われわれの馬の鞍《くら》も外して持ち去りました。さらに、木島郷の山に放火までしたのです」

夜間瀬村側も負けていない。

「第一に、木島郷の者たちは、薪取りに出かけた夜間瀬村の百姓たちが持っていた鉈・鉞など四〇〇丁余と馬の鞍一五〇具を押さえ取り、そのうえさんざんに打ちのめして負傷させました。

第二に、橋をはずしたり大石を並べたりして、われわれが山に入る通路を遮断しました。また、農道や山道を強引に掘り潰し、牛馬が通行できないようにしました。

第三に、夜間瀬村の百姓の畑作物を刈り取り、薪や馬にやる干し草を奪い取るなど、さまざまに農業を妨害したのです」

江戸時代になっても、中世以来の実力行使の風潮はすぐにはなくならなかった。しかし同時に、村人たちは、もはや実力によっては最終的な勝利を得られないことも認識していた。そこで、暴力を振るったのは相手方で、自分たちは無抵抗の被害者であることを強調して、裁判を有利に運ぼうとしたのである。

ついに元禄一一年五月二五日に判決が出されて、山の境界線が確定された。判決では、木島郷側に用水の水源地の山の入会権と水利権が認められた。元禄八年の時とは一転して、重要な部分で木島郷側の主張が通ったのである。

判決のとき、幕府役人から織部たちに、境界線の位置を記した絵図が下付された。

そこで、織部たちはそれを飯山藩の江戸藩邸に持参して預かってもらった。大切な品なので、木島郷まで持ち帰る途中で万一のことがあってはいけないとの配慮からであった。

同年八月一三日に、木島郷一八か村の名主たちが藩の役所に招集され、藩役人が江戸から持ち帰った絵図が織部に手渡された。村人たちは藩を頼り、藩もその期待に応えている。領主を異にする村同士の争いは、村（百姓）と藩（武士）がペアを組んでたたかうタッグマッチの様相を呈したのである。

藩から絵図が渡された八月一三日に、木島郷村々の村役人たちは、織部に以下のような内容の連判状を提出した。

①夜間瀬村は、今回の裁許で確定した山境を越えて草木を伐り取ることはできなくなった。それでも、夜間瀬村の者が強引に木島郷側の山に侵入してきたときは、事実を確認したうえで織部に連絡する。織部から対処の仕方についての指図がないうちは、木島郷の者は夜間瀬村の者に手出しをしない。もちろん、見逃すこともしない。

②山での草木の伐採については、今後は織部に相談し、織部の指図に従う。

③もし上記の点に背いた場合は、幕府に訴えられ、どのような処罰を受けてもかまわない。

④夜間瀬村の者が木島郷側の山に侵入してきたときは、暴力を振るうことなく、相手の所持する鉈や鉞などを押収して織部に知らせる。それら山道具の処置についても、織部の指示に従う。もちろん、無体に相手を殺したりしない。

こうして、以後、織部は絵図を保管するとともに、木島郷の山の管理を主導することになった。訴訟の代表者は、訴訟終結後は引き続き一八か村の入会山の管理責任者となったのである。

そして、時を経て幕末の慶応二年（一八六六）には、織部は上木島村の妙義社《みょうぎしゃ》に神として祀られた。山争いの功労者は、神となるにふさわしいと考えられたのである。それほど山の権益を確保することは、村人たちにとって死活問題だった（本項は、江戸日記編集委員会編『長坂織部の江戸日記』と樋口和雄氏の研究による）。

バラエティ豊かな山村の収入源〈信濃・越後の国境地帯のケース〉

江戸時代における山村の暮らしは、われわれが考える以上に多様性に富んでいた。信濃国（現長野県）と越後国（現新潟県）の国境地帯にある秋山郷を取り上げて、そこにおける多様な生業のあり方をみてみよう（本項は、白水智氏の研究による）。秋山郷では、次のような生業が営まれていた。

①焼畑…焼畑では、稗・粟・荏胡麻《えごま》・蕎麦・大豆など主食となる雑穀類が作られていた。秋山郷では、焼畑が耕地の中心であった（焼畑については後述）。

②林業…山稼ぎとして板材等を伐り出し、平野部の商人に売って生活費を得ていた。秋山郷では、小規模で家内産業的な板材生産が日常的に行なわれていた。

③木工品生産…冬季を中心に、木鉢・曲げ物（薄い板を曲げて作った食器や容器）などの木工品が作られていた。

④狩猟…猟師は漁師を兼ねることが多かった。ほかの地方から来た猟師が住み着くこともあった。

⑤漁業…山村には山村の条件に適した漁業技術が存在し、川で鱒《ます》や岩魚《いわな》を獲っていた。山の中でも、漁業が行なわれていたのである。

⑥鉱山業…秋山郷には、銅や金の鉱山があった。ただし、秋山郷では鉱山業は大きな稼ぎにはならなかった。

⑦採集…山では、木の実・山菜などの豊富な植物資源の採集が行なわれていた。

⑧織物作り…イラクサという山野草から繊維を取って織物を織り、平野部の商人に売っていた。縮《ちぢみ》（表面全体に細かい皺《しわ》のある織物）も織って売り出していた。

⑨出稼ぎ・商売…秋山郷では、雪深い冬を除けば、商売で他所へ出かけることが多かった。平野部の商人も、木工品・織物等を買いにしばしば訪れた。また、出稼ぎも

さかんに行なわれた。

秋山郷では、こうした多彩な生業がみられた。山村の生業は複合的な特徴をもっている。どれか一つの主要産業だけに頼って暮らしていたのではない。どれが主業とは決めにくく、しかも季節によっても主要な生業が入れ替わった。また、山村の生業は一つの村のなかで多様だっただけでなく、地域や時代によってもきわめてバラエティに富んでいた。

山村の生業の多くは商品生産、すなわち生産物を売って貨幣を入手するための生産であった。林業・織物業・木工品作り・狩猟等、皆そうである。そして、生産物を売った代金で、米・塩等の必需品を買ったのである。したがって、山村の生活は平野部との交流を不可欠の要素としていた。

山村の人びとは、物資の輸送、租税の納入、訴訟、領主や他村の村役人に会うための行き来、信仰・湯治・物見遊山に関わる往来（外へ行く場合と外から来る場合の両方がある）など、さまざまな契機で外部の世界とのつながりをもっていた。山村は、けっして外界との交流が遮断された秘境ではなかった。

われわれは、ともすると、山村とは林業のみに頼った寒村、外界と隔絶された自給自足の村といったイメージを抱きがちだが、実態はそれとは大きく異なっていたのである。

江戸時代にも自然破壊〈京都・関東のケース〉

日本は比較的温暖で降水量も多いため、森林が成立しやすい自然条件にある。そのため、現在は国土の約七割が森林である。そこから、江戸時代には森林がもっと広がっていただろうと思われやすい。しかし、そうした常識的な思い込みは正しくない。かつては多くの地域でススキ・ササなどの草地が広がっており、森林よりも草地のほうが多い地域も少なくなかった。そして、草地のなかに木があっても、それはツツジ・小松などの低木であることが多かった。

それはなぜか。実は、百姓たちが、田畑の肥料や牛馬の飼料を獲得するために、山野において、樹木を伐採するなど人為的に樹木の生育を抑制して、草地の状態を維持したのである。高木の樹林の下では日照不足により草が育ちにくいため、草刈りのためには森林よりも草地のほうが好都合だった。

江戸時代に肥料・飼料供給源として必要とされた草地は、控えめにみても農地の五倍前後、おそらくは一〇倍前後だったと思われる。膨大な面積の草地が必要だったのである。毎年、新しい草の芽吹きを促進するために、草地の枯草に火を放つ「野焼き」を行なう地域も多かった。

一九世紀初頭の京都近郊の山地には、今日とは異なり、植生がかなり低い部分や、場所によってはまったく植生のないような所もかなりみられた。ハゲ山も少なくなかったのであり、高木の森林が続く所は稀であった。植生の低い場所やハゲ山になった場所は、長年にわたって落ち葉まで取り尽くすほど植生を酷使したため、樹木が成長しにくい痩せた土地になっていたのである。江戸時代の人びとも、必ずしも常に環境にやさしかったわけではなかった。

明治に入ると、京都府では、野焼きの制限・禁止、植林の推進などがなされた。樹木の伐採や採草に制限が加えられ、特に荒廃の目立つ所ではそれらの作業が禁止された。こうした動きは、その後のハゲ山の減少や、山地の植生量の増大、樹木の高木化などにつながっていった。

野焼きの制限・禁止は既存の森林の保護になるとともに（野焼きの火が延焼して森林火災が発生することがなくなった）、採草地などとして存在した草地の減少と、その一方での森林の拡大につながった。さらに、明治初期から植林が奨励され、明治後期にかけてしだいにさかんになっていった。植林によって、特に杉とヒノキを中心とした人工林が増えていく一方、草地は減少していった。京都近郊では、森林はむしろ近代以降に増加したのである。

関東地方の丘陵や山地では、江戸時代から明治一〇年代にかけて、草や灌木の刈り取りや山焼き、あるいは放牧といった直接または間接の人為的圧力によって、草地や灌木地などの低い植生景観がつくられていた所が多かった。

また、一般の森林の大部分は大木が少なく、樹高の低い森林が広く存在しており、今日の景観とは大きく異なっていた。それは、森林の主要な用途が、用材ではなく薪炭だったためである。薪炭用の木材を得るには、大木である必要はなかった。

そうは言っても、江戸時代の山林面積は相当に広大なものだったが、日本は昔から変わらぬ「森の国」であり続けたわけではなかった。江戸時代の百姓たちは、一面では自然に負荷をかけ続け、樹木の繁茂を抑制し続けていたのである。われわれは、時代を遡れば遡るほど自然は豊かだったと思いがちだが、実はそうとは限らない。また、「江戸時代はエコ時代」「自然にやさしい江戸時代」という評価も、限定付きで考える必要がある。江戸時代にも、自然破壊は存在したのである（本項は、小椋純一氏の研究による。また、水本邦彦氏の研究も参照した）。

ただし、人為的に森林ではなく草地の状態を維持することが、即自然破壊とはいえない。今日でも、草の芽吹きを促すための野焼きが、早春の風物詩としてマスコミで報道されることは多いが、そこに否定的な論調はほとんどみられない。野焼きが自然破壊だとは考えられていないのである。

森林が自然ならば、草地も自然である（そこに人の手が加わっているとはいえ）。草地がハゲ山化した場合に、初めて問題が顕在化するのである。江戸時代においてそうした地域が存在したということと、それでも国土全体を俯瞰すれば、森林や草地が大部分だったという事実を、ともにおさえておく必要がある。江戸時代にも自然破壊は部分的に存在したが、それは今日の地球規模でのそれとはレベルがまったく異なるものだった。

焼畑は原始農法ではない〈飛騨白川・甲斐・大和のケース〉

江戸時代から明治期にかけての山間部では、焼畑が広範に行なわれていた。焼畑とは、山の草木を焼き払い、その灰を肥料として焼き払った跡地で雑穀などの生産を行なう農法である。

焼畑は、入会利用の一形態である。焼畑を行なう林野は村の入会地であり、焼畑は入会利用関係が成立している林野において展開した。村の共有林野（村中入会）において、その村の村人たちが銘々に焼畑を行なったのである。

焼畑農業は農家による個別的な土地利用であるが（どこの焼畑がどの家のものかという区分は存在した）、作業の多くは、村人たちの共同作業によらなくては遂行できなかった。火入れ（草木の焼き払い）や猪垣《ししがき》（猪・鹿など害獣除けのための垣根・柵）の設置はその主なものである。それらによって焼畑を行なう環境を整備したうえで、耕作は各家が個別に行なった。

村の林野の一部を焼畑として個別に利用し、数年の作付け期間を終えると、また村の林野に戻すのが、焼畑の普通のあり方であった。そこにはまだ私的土地所有の観念は生まれていなかった（丹羽邦男氏の研究による）。

焼畑は原始的な農法だと思われやすいが、必ずしもそうではなかった。また、焼畑は下層農民だけが行なったわけではなく、むしろ上層農民のほうが焼畑経営を積極的に行なっていた地域もあった（以下は、溝口常俊氏の研究による）。

現在は世界遺産になっている飛驒国《ひだのくに》（現岐阜県）白川郷の村々における江戸時代以降の焼畑の推移をみると、次の四期に分けることができる。

①初期…元禄期（一六八八～一七〇四）以前の時期で、比較的小面積の焼畑が集落のごく近辺に分布していた。

②拡大期…享保期（一七一六～一七三六）～明治初期で、焼畑が集落からやや離れた近隣山地に拡大していった。

③全盛期…明治後期で、焼畑が遠方の山地まで拡大していった。

④衰退期…大正期以降。

すなわち、白川郷では、焼畑面積の絶対量が近世初期→近世後期→明治後期としだいに増加していったのである。特に、近世後期と明治期には焼畑面積が飛躍的に増大した。同様に、こちらも世界遺産の屋久島（現鹿児島県）でもこの時期に焼畑が急増している。

江戸時代の後半には、全国の農村では耕地拡大が限界に達するなどしたため、人口が停滞あるいは減少する所が多かったが、この両地域においては著しい人口増加がみられた。すなわち、原始農法とみなされ、粗放的といわれた焼畑だが、それが広大な面積で本格的に行なわれれば、増加する人口を十分支えることができたのである。

また、「時代が下るほど焼畑は減少・衰退していった」という見方も実態に合っていない。焼畑は、水田での稲作と並行して、近代までさかんに行なわれていたのである。

甲斐国《かいのくに》巨摩《こま》郡（山梨県西部）の早川《はやかわ》上流域では、上層・下層を問わず全村民が焼畑耕作に関わっており、むしろ上層百姓こそが積極的に焼畑耕作をしていた。上層百姓は自村内で大規模に焼畑を経営するのみならず、他村の土地に進出してまで焼畑耕作を営んでいた。焼畑は貧しい下層農民だけが行なったわけではなかった。これは、焼畑での生産物が商品として売れ、収益があがったからである。たとえば、大和国（現奈良県）吉野郡では、焼畑に楮《こうぞ》（和紙の原料になる植物）・茶・漆などの商品作物を栽培していた（米家泰作氏の研究による）。

平野部の稲作農村の尺度をもって、山間部の焼畑は低生産力の原始農法であり、時代とともに衰退していくものと評価するのは一面的だといえよう。

焼畑地の有効活用〈江戸時代の八王子・日野のケース〉

今度は、現在、東京都八王子・日野両市に属する地域における、江戸時代の焼畑の様子をみてみよう(本項は、原田信男・山本智代両氏の研究による)。

焼畑では、草木を焼き払って耕地化したあと数年間耕作を行なうが、毎年同じものを植え付けず、一年目は蕎麦、二年目は粟《あわ》などと地力に合わせて作物を変えていく(輪作)。こうして数年間作物を栽培したあとは、桑やミツマタ(和紙の原料になる植物)などを植え付けてさらに土地を利用する場合も多いが、しだいに地味が衰えるため、最終的には元の林野に戻して土地を休ませる。

地力が回復するまでには、土地や利用方法により四〜五年から数十年かかるが、この間はまた別の場所で焼畑を行なう。このように同じ場所で耕作を永続せず、林野を循環的に利用していくところに焼畑の特徴がある。

また、焼畑の火入れの際には、火を恐れて飛び出してくる動物を捕獲する焼狩《やきがり》が広く行なわれていた。獣類の駆除は作物の被害防止になるとともに、食用の獣肉の確保にもつながった。

近世の現八王子・日野地域の山間部・丘陵地では、斜面を利用していたるところで焼畑耕作が行なわれた。焼畑では、雑穀(粟・稗《ひえ》・蕎麦)や菜・大根・芋などが栽培された。赤カブなど、焼畑によってしか独特の風味を出せない作物もあり、これらは商品価値も高かった。

さらに、作物栽培後の土地を休ませておく期間中にも、その土地は養蚕用の桑畑にされたり、杉・ヒノキが植林されたりと有効に利用されていた。焼畑は、林業とも密接に結びついていたのである。

特に杉やヒノキは多摩川の水運を利用して江戸へ出荷するという輸送の便に恵まれたために、さかんに植林されるようになった。また、土地を休ませておく間に育った雑木林《ぞうきばやし》は薪炭林《しんたんりん》（薪炭生産の原料供給地）として利用された。

杉苗を植えたばかりの頃や焼畑地に桑を植えた場合には、杉苗や桑の間で同時に雑穀や野菜などを育てることもあった。土地の有効活用である。杉苗が大きくなったら、耕作を放棄して本格的に杉林にしたのである。

数年間作物を栽培して、もはや栽培が不可能となった所には、萱《かや》を生やすこともあった。萱は、牛馬の飼料である秣《まぐさ》にするほか、屋根葺きの素材としても役立った。

このように、焼畑地は、耕作を休んでいる期間も含めて、多様なかたちで利用されていた。そこでは、食料生産・商品作物の生産・木材生産など、さまざまな生業が営まれていた。そして、焼畑は、火入れの際の延焼による森林消失など環境へのマイナス面がクローズアップされることが多いが、循環の手順をきちんと守っていれば、環境破壊には至らず、むしろ人為的な山林管理として有用な役割を果たしていたのである。

乱伐から育林へ——江戸時代に自然が保たれた理由

江戸時代を中心にその前後を長い目で見ると、一五七〇年から一六七〇年の一〇〇年間は木材枯渇の時代であった。一七世紀には、城下町などの建設ラッシュにより木材需要が増加したため、山林の乱伐が進んだのである。

そうした状況への反省から、一八世紀に入ろうとするころから植林をともなう林業経営が始まり、全国に普及していった。「採取林業」から「育成林業」への転換が起こったのである。その結果、一八世紀から一九世紀中葉にかけて、森林被覆率の水準回復がみられた。森林破壊の流れは、食い止められたのである。

各地の大名たちは、百姓の力を有効に引き出しつつ、御林の経営を行なった。前述した仙台藩の「御請状山」制度は同藩に固有のものだが、領主と百姓が役割分担しつつ協力するという点では「御請状山」制度と共通点をもつ制度が全国各地でみられた。

広くみられた具体的な方法としては、

①御林への入会権をもつ百姓に林野を分割し、責任をもって管理させる代わりに、

林野の産物の取得を認める制度である割山《わりやま》
②御林を十分に長い年季（期限）をつけて百姓へ貸し出す年季山《ねんきやま》
③営林を地元村の百姓に請け負わせ、木が成長したら、領主と百姓があらかじめ合意しておいた割合で木を分け合う部分山《ぶわけやま》
などがあった。

これらは、いずれも百姓に植林をするきっかけ・動機を与える制度だという点で共通している。これらは、民間活力の利用ともいうべき施策であった。このように、領主と百姓の共生を図る努力のなかから、百姓に植林を奨励し、森林被覆を回復・維持してゆける制度が選択された結果、江戸時代の日本列島の緑は保たれたのである。

また、商品・貨幣経済の発展によって、商品としての木材の需要が高まったことにより、民間の林業家は市場向けの木材生産に力を入れるようになった。そして、彼らは継続的に木材を市場に供給して利益をあげ続けるために、積極的に植林を進めた。市場志向型の民間育成林業の発展もまた、森林被覆の改善をもたらした重要な要因であった。

需要の拡大が乱伐を招いた時代は終わり、逆に需要の拡大によって育林が促されるような生産・流通体制になったのである。これは市場志向型の対応といえる。こうした動向が、一方でのハゲ山化や、森林の草地への移行を相殺したため、江戸時代の日

本は環境面で大崩れしないで済んだ。

こうした流れは、国民性とか自然観ということだけでは説明できない。それは、領主と村・百姓との合意と協力、そして市場経済の発展への民間の主体的対応、こうしたさまざまな営為の結果だったのである（本項は、斎藤修氏の研究による）。

森林と漁業の深い関わり——魚附林

海岸に接する森林は、漁業にとって重要な役割を果たしていた。樹影が付近の水域を暗くすることによって、小魚類には格好の休息の場となり、また敵から逃れる便を与えた。

樹木の枝葉が落ちて植物質を水面にもたらすため、その腐蝕にともない魚類の好む水中微生物が増殖した。また、森林中に生活する昆虫類が風雨などで常に海面に落下し、魚類の餌となった。さらに、森林の繁茂は水温を調節し、アルカリ塩類の含有量を増して、海藻類を繁茂させた。そのため、森のそばには魚が集まり、絶好の漁場となったのである（魚附林《うおつきりん》）。

樹林に海鳥が棲息・繁殖し、群れをなして魚群の来遊を知らせるため、漁民が森林とともに海鳥を保護している所もあった。また、付近の河川からの汚濁した淡水の流入が海水魚を駆逐するのを防ぐために、上流の水源地での森林育成に努めている事例は各地にみられる。このように、海岸近くの森林の存在は漁業の盛衰を左右したのであった。

海岸近くの森林の利用は林業あるいは農業の面からのみ考えるべきではなく、漁業とも深い関係をもっていた。そして、漁業のためには、むしろ農林業的な土地利用を抑制して、森林を保全することが必要なのであった。江戸時代には、漁村と漁民がそれを行なってきたのである（丹羽邦男氏の研究による）。

明治時代の森林荒廃と復興

ところが、明治初年の地租改正（明治政府の行なった土地・税制改革。土地の私有と売買を認め、土地所有者に地券を交付し、地価の三パーセントを地租として金納させた）後は各地で魚附林の荒廃が進行した。各地の海岸沿いの森林の荒廃は、多くは明治維新以後の皆伐《かいばつ》によって生じたのである。

明治期、特にその前半期は魚附林に限らず、森林荒廃の時代、ハゲ山の増加とそれによる水害多発の時代だった。それと同時に、国と地方自治体が森林荒廃と水害に制度づくりによって対処しようとした時代でもあった。その点では、一七世紀と共通するところが多い。

森林荒廃の原因の第一は、幕末維新期の混乱や廃藩置県にともなう管理体制の全般的な弛《し》緩《かん》である。これは、官林（江戸時代の御林）においてとりわけ顕著であった。幕府や大名の消滅により、江戸時代には幕府や大名の管理下にあった御林において、従来のような管理が行き届かなくなったのである。

第二に、外国貿易開始以降の経済と市場環境の変化により、村人たちが入会林野を過剰に伐採したことがある。たとえば、長野県諏訪地方では、開港後の輸出用の生糸需要の急増とともに、村内に製糸工場が次々に建てられた。村民である工場主は、工場で使う薪炭を村の入会林野から調達していたが、薪炭材はすぐに枯渇してしまい、山は草山となっていった。

第三は、明治政府による林野の官民有区分政策である。これは、林野を官有地と民有地（入会地を含む）にはっきりと区分するものであった。この政策によって、従来の入会地の多くが官有地とされた。過去に売買・譲渡などがなされたことを示す文書が残っていれば、そこは民有地とされたが（民間で売買・譲渡などの経済行為がなされていれば、その土地は民間の所有地すなわち民有地だといえる）、多くの入会地は古くから百姓たちが変わらず共同利用してきて、売買・譲渡などがなされたことはなかった。そのため、民有地であることを証明できない多くの入会地は、官有地とされたのである。

そして、官有林（元の入会地）に対してそれまで地元村がもっていた入会の権利は否定され、農民たちは入会林野から締め出された。それでも従来通り林野に入った者には、厳罰が下された。この政策は多くの地元村民の反発を買い、官有林の盗伐などの行為が多発した。

　こうした事態に対処するため、明治三〇年（一八九七）に森林法が制定された。森林法により、政府の国有林（官有林）に対する監督権が強化されたが、それと並行して、国有林野を地元民に開放する施策が積極的に展開された。

　明治三二年に制定された「国有林野法」では、部《ぶ》分林《ぶんりん》や委託林という、江戸時代以来の慣行に基づく制度が採用された。部分林制度とは、国有林野内に国以外の者が造林し、その収益を国と造林者とで分け合う制度である。また、委託林制度は、国有林野の保護活動と引き換えに、そこからの産物の一部を地元住民に無償で供与する制度である。部分林制度も委託林制度も、国と地元住民が役割分担して林野の保護・育成に努めるという点では共通している。そして、その点では、両者は、大名と百姓が協力して行なった、江戸時代の割山《わりやま》や部《ぶ》分山《わけやま》の制度とも通底しているのである。

　こうして、国有林野に、江戸時代の伝統を継承した制度が導入され、地元住民との協働関係の構築が目指された。これは、伝統の再発見・再活用といえる。

　また、同年に制定された「国有土地森林原野下戻《さげもどし》法」では、官民有区分の際に不適切に官有地とされた林野を民有地に戻す道が開かれた。

　こうした多様な取り組みの結果、近代日本も大局的には森林被覆率を高く保つことに成功した。明治維新期において、林野はいったん荒廃の危機に瀕したが、人びとの努力と工夫がこの危機を救ったのである（本項は、斎藤修・岩本純明両氏の研究による）。

第二章

江戸後期、信濃国——

百姓同士の山争いを、武士がバックアップ

松代藩領村々vs.幕府領村々

1　今とは違う江戸時代の裁判

江戸時代の裁判の特徴

第一章では、戦国時代から明治時代にかけての、人と林野の関わりについて、さまざまな角度から述べてきた。林野は人間の生存にとって不可欠の存在であり、江戸時代の百姓たちは林野の権益を確保するために、時には敢然と訴訟をたたかった。そこで、本章では、信濃国《しなののくに》（現長野県）の事例を取り上げて、江戸時代の林野をめぐる裁判の実態を具体的に掘り下げてみることにしよう。

その前提として、まず江戸時代の訴訟・裁判の特徴を述べておこう。江戸時代の訴訟・裁判は、現代のそれとはかなり違っていたからである（以下の記述は、小早川欣吾・平松義郎・大平祐一・石井良助・石井紫郎各氏の研究による）。

江戸時代に百姓・町人が領主に提出した訴状は、「恐れながら……願い上げたてまつり候」という言葉から書き始められることが多い。これは、「恐れ入りますが……（訴訟の審理を）お願い申し上げます」という意味である。すなわち、江戸時代の庶民は、民事紛争の解決を領主に要求する権利をもっていたわけではなく、庶民の訴訟は「お上の手を煩わす」ものとされていたのである。領主が訴訟を受理することは、領主の義務ではなく、お慈悲だった。

けれども、こうした建前にもかかわらず、実際には百姓たちは武士たちが辟易《へきえき》するくらい頻繁に訴訟を起こした。百姓たちは、「お上の手を煩わす」ことを恐れはばかってばかりはいなかったのである。

百姓たちは、訴えたいことがあると、幕府領の百姓なら自分が住む村を管轄する代官所、大名領（藩領）なら藩の農政担当部局である代官所や郡奉行所《こおりぶぎょうしょ》に訴え出た。ただし、領主が異なる村・百姓間の争いは幕府が裁いた。

また、江戸時代の裁判は基本的に一審制だった。武士が下した判決には、誤りはないと考えられていたのである。「お上はすべてお見通し」というわけだ。だから、判決に不服で再審を求めるなどということは、お上のご威光を恐れぬ所業であり、武士の権威をないがしろにするものだとされた。例外的に再審理となることもあったが、控訴・再審があり得ることを前提に上級裁判所が置かれるというようなことはなかった。

江戸時代の裁判は、非公開だった。今日では、裁判の公平性と妥当性を明示するために傍聴が認められているが、江戸時代には傍聴など認められていなかった。武士が行なう裁判には誤りなどあり得ないとされていたから、広く公開する必要などそもそもなかったのである。

三権分立は存在せず

江戸時代においては、今日のような三権（立法・行政・司法）分立の体制は存在しなかった。幕府の最高裁判機関は評定所《ひょうじょうしょ》と呼ばれ、その構成員は老中・寺社奉行・町奉行・勘定奉行だった。各奉行はそれぞれ単独でも裁判を行なったが、評定所では各奉行単独では裁けない重要事案を扱った。

寺社・町・勘定の三奉行は、全員が自ら政策を決定するとともに（立法）、それを実行する立場でもあった（行政）。そして、さらに彼らは、将軍・老中のもとで、政務のかたわら裁判にも携わった（司法）。すなわち、立法・行政・司法を兼務していたわけである。

また、奉行の下役の実務官僚――評定所留役《とめやく》など――が法令や判例を熟知しており、彼らがその専門的知識に基づいて老中や奉行らの諮問に答えることで、裁判を下支えしていた。この評定所留役などは、司法官僚に近い存在だったといえるだろう。

こういう状況だったから、法廷において、裁判官・検察官・弁護人といった役割分担もなかった。奉行所が、捜査・逮捕・取調べ・審理・判決のすべてを担当していたのである。

ただし、裁判に臨む庶民に、裁判や法に関する知識を教えたり、提出文書の作成を代行したりする「公事宿《くじやど》」「町宿《まちやど》」などと呼ばれる者が民間に存在した。彼らは、江戸や各地の城下町などに住む訴訟代理人であり、今日の弁護士に似た存在だった。

しかし、彼らはあくまで裁判に関する助言者にとどまり、法廷での弁論活動は認められていなかった。したがって、江戸時代には、今日のような、法廷で弁舌さわやかに活躍する弁護士は存在しなかったのである。

法令は「御法度」が中心

江戸時代の法令、すなわち法度《はっと》の内容は、命令・禁止事項が中核を占めていた。現代でも、「御法度」といえば、やってはならないことを指すのはここに由来している。また、法度に違反した場合の刑罰は庶民には具体的に示さないのが普通で、裁判規範（裁判に関わる法規定）は部外秘とされていた。

幕府の裁判規範の代表的なものは、「公事方御定書《くじかたおさだめがき》」である。「公事方御定書」とは、寛保《かんぽう》二年（一七四二）に成立した幕府の基本法典で、上・下巻に分かれ、上巻には司法・警察に関する法令八一か条、下巻には刑事判例一〇三か条が収録されている。これらは今日の刑法・刑事訴訟法に該当するもので、このうち下巻だけを後に「御定書百箇条」といった。

「公事方御定書」は、諸大名の法典にも影響を与えた。本章で取り上げる信濃国松代《まつしろ》藩でも、文政《ぶんせい》八年（一八二五）に、「公事方御定書」を模して「御仕置御規定《おしおきごきてい》」という法典を定めている。「公事方御定書」や「御仕置御規定」は秘密法典だった。

今日では、罪刑法定主義がとられており、いかなる行為が犯罪にあたるか、またどんな罪を犯せばどんな刑罰が加えられるかは、あらかじめ法律によって定められ、公表されている。

しかし、江戸時代はそうではなかった。罪を犯した際の刑罰を秘密にすることによって民衆を威嚇し、犯罪防止効果を狙ったのである。罪を犯せばどのような過酷な刑罰に処せられるかわからないという不安と恐怖が、民衆を犯罪から遠ざけると考えられたのである。

こうした考え方の背景には、「民は由《よ》らしむべし、知らしむべからず」（人民には武士による政治を頼らせるだけでよい、その内実を知らせる必要はない）という政治理念があった。

ただし、表向きは極秘の刑法典である「公事方御定書」も、実際には公事宿などの手によって、民間にも流布していた。

刑事裁判の吟味筋、民事裁判の出入筋

現代の裁判は刑事と民事に大別されるが、江戸時代には刑事裁判を「吟味筋《ぎんみすじ》」、民

事裁判を「出入筋《でいりすじ》」といった。ただし、出入筋において刑罰を科すこともあったので、出入筋は刑事裁判の性格も兼ね備えていたといえる。

吟味筋は、社会秩序維持の観点から、領主の権限によって裁判手続きが進められる。殺人などの犯罪を放置することは、統治上許されないからである。そのため、訴えがなくても立件されて裁判が開始されたのであり、この点は今日の刑事裁判と同様である。

これに対して、出入筋は民間の私的な紛争に関わるものであり、訴えがなければ裁判は開かれない。江戸時代には、こうした民間の紛争は、本来当事者間で解決すべきものであり、領主は特に請われた場合にのみ、「お慈悲」として恩恵的に裁判を行なうものとされていた。そのため、当事者はできるだけ早く和解して法廷を去るべきものとされ、領主は「内済《ないさい》」（和解）を推奨し、ときにはそれを強制した。

吟味筋においては（ときには出入筋でも）、自白が重視されたことが特徴である。物的証拠があっても、自白がなければ有罪にはできなかった。反対に、自白さえあれば有罪にできたのである。その点、今日とは逆だった。だから、担当の役人は被疑者から自白を引き出すことに躍起になり、自白を得るためにはときに拷問も行なわれた。

出入筋のなかには、「金公事《かねくじ》」と「本公事《ほんくじ》」の別があった。金公事は無担保の金銭貸借に関する訴訟で、それ以外はすべて本公事とされた。だから、本公事の範囲は広く、土地などを担保にしての金銭貸借から、地所の境界争い、村の仕来《しきた》り破りをめぐる争い、家督相続や小作料・奉公人給金をめぐる争いなど、多様なものが含まれた。本章で取り上げる山争いも、この本公事に該当するものである。

名奉行が生まれた背景

江戸時代においても、裁判にあたる役人は法律や判例に依拠して判決を下した（ただし、判例が集積されていったのは主に刑事裁判に関してであり、民事裁判については個々の事案が解決すればそれでよしとして、判例の積み重ねはあまりみられなかった）。しかし、今日の裁判官にとって法律の条文が絶対的な判断基準となるのとは異なり、江戸時代の裁判担当役人には相当広範な自由裁量の余地が存在していた。担当役人が誰かによって、判決内容がかなり大きく左右されることがあったのである。

そのため、特定の役人が名奉行として、もてはやされることにもなった。「大岡越前（大岡忠相《ただすけ》）」や「遠山の金さん（遠山金四郎）」の物語が、その代表例である。誰もが法律と判例に基づいて同じ判決を下すのであれば、名奉行の生まれる余地はない。物語のなかの名奉行は、ときには「法」を曲げても「道理」（当時の社会常識に照らして正しいと考えられた規範）に基づいて裁判を行なった。そこに、民衆は共感を覚えたのである。

非合法の訴訟――越訴

江戸時代には、幕府も大名もそれぞれ裁判権をもっていた。大名は、自領内で自領民が起こした事件については、自らの権限で審理し、判決を下すことができた。

他方、自領民と他領民の間で起こった事件については、大名は裁判権をもたず、幕府評定所の裁判に委ねることになった。

ただし、幕府に任せる前に、関係する大名同士で話し合って、地元で解決を図る場合もあった。たとえば、民事裁判の場合、被告を支配する領主が、被告を呼び出して、原告側との内済（和解）を勧めたりしたのである。

江戸の評定所での審理となると大ごとである。当事者は、江戸への旅費など多額の訴訟費用を負担しなければならない。また、大名側も、統治の仕方がまずいから訴訟が頻発するのだと、幕府からその責任を問われかねない。そこで、大名は、一方で百姓たちの負担を考慮し、他方で自分たちの統治への評価を気にして、なるべく訴訟沙汰は地元で穏便に解決しようとしたのである。

江戸時代には、裁判管轄について一つの問題があった。先述したように、当時は行政と司法が未分離だった。そのため、幕府領においても、大名領においても、住民は、自らを支配する代官や奉行に不当な行政行為・措置があった場合には黙っていなかったが、彼らの不当行為を訴える際、それをその当の代官・奉行に訴えるという、矛盾に満ちた行動をとらざるを得なかった。当然、訴えが認められる可能性は低かったろう。不当な公権力の行使から人びとを守るという点で、江戸時代の訴訟制度は不十分なものだったのである。

こうした事情が、非合法の訴訟である越訴《おっそ》を生み出す一因となっていた。越訴とは、正規の手順を踏まずに、段階を跳び越して行なう訴訟のことである。たとえば、本来代官に訴えるべきものを、その上役（郡奉行《こおりぶぎょう》など）に直接訴えたり、大名領の百姓が、大名を跳び越して、直接幕府に訴訟したりするものである。

越訴は非合法の訴訟形態だったから、幕府は不受理を基本方針としていた。ただし、ときには取り上げられることもあった。また、越訴は非合法とはいえ、一度行なっただけでは訴えた者はほとんど処罰されなかった。繰り返し越訴を行なったときに、はじめて処罰の対象になったのである。

ただし、そのときも、科される刑罰は過料（罰金刑）や手鎖《てぐさり》（手錠）などの軽いものがほとんどだった。大名領の百姓たちの代表が、直接、江戸城へ登城途中の幕府要人の駕籠先《かごさき》に飛び出して、「恐れながら」と訴状を差し出しても（これを駕籠訴《かごそ》といい、越訴の一種である）、たいした罪にはならなかったのである。そのため、越訴は実際しばしば行なわれた。越訴は、江戸時代の裁判制度の不備を補う緩衝材の役割を果たしていたといえる（本項は、大平祐一・保坂智両氏の研究による）。

山争いの敗北は領土減少を意味した

江戸時代には、幕府によって、大名同士であれ、村同士であれ、武力を用いた抗争は固く禁じられていた。交戦権は幕府が独占しており、幕府の許可を得ずに武力を発動することはできなかったのである。したがって、大名たちは、戦国時代のように、戦争によって領土を拡大することは不可能だった。しかし、どの大名も、自領を拡張したいという欲求を潜在的にはもっていた。逆に、自領が少しでも減少することに対しては、たいへん神経質になっていたのである。

そうしたなかで、幕府による大名領地の変更（転封《てんぽう》〔大名をほかの地に移すこと〕・加増《かぞう》〔領地を増やすこと〕・減封《げんぽう》〔領地を減らすこと〕）以外に、領域の変更に結びつく可能性があったのが、他領との境界における村同士の領域争いだった。

大名の領地は、領内村々の領域（集落・耕地・林野）の総和という側面をもっていた。村々の領域の総体が、大名の領地であった。そのため、自領の村が他領の村との争いに負けて、その村の領域が減少すれば、その村を支配する大名の領地も減少することになる。そして、領主が異なる村同士の境界争いは最終的には幕府が裁いたから、そこでの判決しだいでは、幕府のお墨付きによる領域の変更があり得たのである。だから、大名領の境界地帯における村同士の領域争いには、どの大名も敏感になっていた。

江戸時代前期（一七世紀）には、林野の境界をめぐる領域争いが全国的に多発した。その背景には、新田開発の盛行による林野の減少という事態が存在した。村々にとって、自村の領域を確保することは非常に重要だった。隣村との境は多くの場合林野だったが、そこは村人たちが食料・燃料・肥料・建築用材など、さまざまな必要物資を入手するための自然の宝庫だった。その用益権を守ることは、村にとっての死活問題だったのである。

領主の異なる村同士が村の境界をめぐって争った場合には、まず双方の村、双方の領主による話し合いによって解決が目指された。近隣の有力百姓が扱人《あつかいにん》（仲裁者）となって、内済（和解）が図られもした。それでも解決しなかったときは、当事者の村は、領主の許可状をもらったうえで、幕府の評定所に訴え出ることができた。

評定所での裁判になった場合、村の代表者（名主・庄屋など）は江戸に出向いて裁判に臨むことになる。その際、領主は、自領の百姓に対して、宿泊場所の提供（百姓を江戸の藩邸に宿泊させたりした）、必要な証拠書類の準備、法廷での問答の予行練習、幕府役人への内々の働きかけ・政治工作といった有形・無形のさまざまな援助を行なった。また、評定所での裁判の場に、訴訟当事者としての村の代表のほかに、領主の家臣が付き添って出廷することもあった。まさに、「子どもの喧嘩に親が出る」といったところだろう。

会津と越後の山争い〈幕府評定所での審理　その一〉

山争いの具体例として、幕府の法廷に持ち込まれた事件を三つ紹介しよう（〈その一〉〈その二〉は八鍬友広氏の研究による）。まずは、東北・信越における山争いの事例である。

寛永《かんえい》一九年（一六四二）に、陸奥国会津郡《むつのくにあいづ》（現福島県）と越後国魚沼郡《えちごのくにうおぬま》（現新潟県）との国境地帯にある上田銀山の帰属をめぐって、陸奥国七か村と越後国六か村との間で争いが起こった。双方とも、銀山は自国（陸奥国ないし越後国）の領域内にあり、したがって自分たちに開発の権利があると主張したのである。これは、国境線の位置をめぐる争いだった。当時、陸奥国七か村は会津藩加藤氏領、越後国六か村は高田藩松平氏領だった。

この争いは現地では解決がつかず、幕府の法廷に持ち込まれた。このとき、越後側の村々の代表者は、江戸に着くとまず高田藩の江戸屋敷に出頭している。そして、高田藩から、江戸滞在中の宿を提供され、彼らが江戸で消費する米・味噌・薪などを支給されている。

また、幕府に提出する訴状は、百姓たちが書いたのではなく、高田藩の家老が口述した内容を右筆《ゆうひつ》（文書作成係の藩役人）が書き留めるというかたちで作成された。さらに、村々の代表者は高田藩の役人にともなわれて幕府の勘定奉行に面会し、直接事件に関して陳情している。会津藩も、同様に自藩領村々のバックアップをしたものと思われる。

このように、表面上は百姓同士・村同士の争いというかたちをとりながら、裏ではそこに藩が深く関与していたのである。鉱山開発は、成功すれば地元に莫大な利益をもたらす。地元村々のみならず、藩にとっても大きな利益になる。自藩の領域の確保にもつながる。したがって、藩としても、自領の村々に勝訴してもらわなければならない。藩が、自領村々にさまざまな支援をした背景には、こうした事情があったのである。

そして、このときに作成・提出された会津側村々の訴状と、それに対する越後側村々の返答書（反論書）は、のちに子どもたちの学習教材として、会津側・越後側双方の村々に流布していった。

越後と信濃の山争い〈幕府評定所での審理　その二〉

次は、信越の事例である。寛文一〇年（一六七〇）に、越後国魚沼郡羽倉《はくら》村（現新潟県中魚沼郡津南町《つなんまち》、高田藩松平氏領）と信濃国水内郡森村《しなののくにみのちもり》（現長野県下水内郡栄《しもみのちさかえ》村、飯山藩松平氏領）が、両村の境界が山のなかのどこにあるかをめぐって争った。両村とも、係争地の山は自村の領域内だと主張した。これは、領主の異なる村同士の村境をめぐる争いであると同時に、高田藩と飯山藩の領域争い、越後と信濃の国境争いでもあった。

争いは、まず係争地において、森村の百姓が松を伐採しているのを発見した羽倉村側が、森村に抗議したことから始まった。その後も森村の百姓による伐採が続いたので、羽倉村側では、森村の百姓が伐採に用いた鉈《なた》や伐採された木材を証拠品として押収した。

森村側はこれに反発し、ついに両村の百姓による暴力の応酬にまでエスカレートした。近隣の村々も、それぞれどちらかの村の後押しをしたため、争いは大がかりなものへと拡大していった。しかし、こうした実力行使によっては問題は解決しなかった。そこで、寛文一二年（一六七二）に、羽倉村側は領主である高田藩に訴え出た。それを受けて、高田藩は、森村の領主である飯山藩と交渉したが、そこでも解決に至らなかったため、ついに羽倉村は幕府の評定所に訴え出たのである。この場合も、村と領主は連携して事に当たっている。

このときに羽倉村が提出した訴状と、それに対する森村の返答書は、先に述べた上田銀山をめぐる争いの場合と同様に、子どもたちの学習教材として、越後・信濃両国内に流布していった。それだけでなく、これらの文書は村役人の執務手引書にも収録されて、業務の参考にされている。

訴訟の先例を学ぶ百姓たち

このように、大がかりな訴訟の際に作られた文書が、当事者の村だけでなく、次から次へと書き写されて、広い範囲の村々に流布していった背景には次のような事情があった。

戦国時代までは、村々は自力で自村の領域を守っていた。そこでは、村同士の話し合い、近隣の有力者の仲介を得ての交渉、ときには武器を取っての実力行使など、さまざまな手段がとられた。

それが、江戸時代に入ると、泰平の世のもと実力行使が禁止される一方で、幕府・領主への訴訟が紛争解決手段としてきわめて大きな意味をもつようになった。訴訟に勝てなければ、自村の領域を維持できない時代になったのである。

そして、訴訟においては、自らの主張を理路整然と述べる能力や、相手の主張を論破する論理性など、多様な知識・技術・能力が求められた。しかし、江戸時代前期の一七世紀においては、百姓たちはまだまだ訴訟には不慣れだった。訴訟の経験は乏しく、参考にすべき先例も少なかった。

そうしたなかで、一七世紀に起こった大がかりな訴訟の際に作成された訴状や返答書は、貴重な実例・先例となったのである。そこに、これらの文書が次々に書き写されて、広範囲に流布していった理由があった。

とりわけ、村役人たちは、いったん訴訟となれば、村人たちの代表として中心的な役割を果たさなければならなかった。訴訟に勝てばその功績がたたえられ、負ければ責任を問われた。そのため、いざ訴訟というときに備えて、過去の実例を学び、訴訟実務に習熟しておく必要があったのである。

また、村の子どもたちにも、将来の村役人候補として、早いうちから訴訟関係文書に慣れ親しんでおくことが求められた。そのために、こうした文書が寺子屋（手習塾）の学習教材に用いられたのである。子どもたちは、こうした教材を使って文字を学ぶとともに、訴訟とは何かを学んでいった。

四国の離島の国境争い〈幕府評定所での審理　その三〉

今度は、目を四国に転じてみよう（本項の記述は、杉本史子・高木昭作両氏の研究による）。

四国の西南端の海上に、沖の島という小島がある。この島は、伊予国《いよのくに》（現愛媛県）

と土佐国（現高知県）との国境にあたっていた。島のなかを国境線が通っており、それによって島民も伊予側と土佐側に分かれていた。けれども、国境線の位置については、伊予側と土佐側で微妙に認識が異なっていた。お互いに、自国・自村の領域が少しでも広くなるように、国境を設定しようとしていたのである。

国境線の位置は、双方の島民にとっては漁業権（海上の国境線の自国〔自村〕側の海は自らの漁業権のおよぶ範囲となる）に関わり、双方の藩（伊予側は宇和島《うわじま》藩伊達《だて》氏、土佐側は土佐藩山内《やまうち》氏）にとっては領有権に関わる重大問題だった。そこで、国境の位置をめぐって、明暦《めいれき》二年（一六五六）から万治《まんじ》二年（一六五九）にかけて争いが起こり、争いは幕府の評定所に持ち込まれた。

このとき土佐側では、土佐藩の家老野中兼山《のなかけんざん》が江戸に行き、あらゆる人脈を駆使して対幕府工作にあたった。評定所の動向は兼山には筒抜けであり、それによって兼山は要所に手を打った。そのなかには、幕府右筆に依頼して、老中の目を掠《かす》めて判決文に手を加えるという行為まで含まれていた。国境紛争は、百姓を表に立てた藩同士の争いでもあった。

また、土佐側は、万治元年以降、沖の島の土佐側庄屋源五郎《げんごろう》の代理として、市右衛門《いちえもん》という人物を出廷させた。市右衛門があざやかな弁論を展開したため、伊予側庄屋の六之進《ろくのしん》は「市右衛門は山内家の家来であって、百姓ではない」と再三批判し、抗議のために出廷拒否まで行なった。

実際、市右衛門は、野中兼山の家臣土居《どい》市右衛門だった。藩主山内忠義《ただよし》が、弁の立たない源五郎に代えて、市右衛門を百姓と偽って出廷させるよう兼山に指示したのである。百姓同士の争いにおいて武士が表に立つことは認められていなかったため、武士を百姓に擬装させたのである。

境界争いにおいては、領主ではなく、村役人・百姓が当事者になるのが原則だった。その背景には、「領主は替わるもの、百姓は末代《まつだい》まで替わらないもの」（領主は転封《てんぽう》などによって入れ替わるが、百姓は子々孫々までその土地に居付いて替わることがない）という観念があった。末代まで替わらぬ百姓こそが、境界争いの当事者にふさわしいとされたのである。しかし、領主にとっても村々の境界争いは他人事ではなかったため、側面からさまざまなかたちで裁判に関与し、自領の村を勝訴に導こうとしたのである。

以上みてきた国境争いでは、いずれも国境をはさんだ双方の百姓と武士がタッグを組んで、自国・自村・自領の利益を確保するために争った。村は自らの領主と共闘して、相手方の村・領主と争ったのであり、百姓対武士という単純な対立の構図ではなかったのである。

2 松代藩領村々 vs. 幕府領村々 山争い勃発

松代藩概説

以上で、江戸時代の裁判の概要と特徴についてはおわかりいただけたと思う。次に、信濃国（現長野県）松代藩領を舞台として、具体的な山争いの実例をさらにくわしく紹介していこう。はじめに、松代藩について簡単に説明しておきたい。

松代藩は、信濃国更級《さらしな》・水内《みのち》両郡を中心に、埴科《はにしな》・高井両郡の一部をも領有する中規模の藩だった。元和《げんな》二年（一六一六）に松平忠昌《まつだいらただまさ》が一二万石を与えられて松代（現長野市）に入ってきたことにより、松代藩が成立した。

その後、元和四年に酒井忠勝《さかいただかつ》が藩主となり、元和八年には信濃国上田（現長野県上田市）から真田信之《さなだのぶゆき》が松代藩主として移ってきた。有名な真田信繁（幸村）の兄である。

それから明治四年（一八七一）の廃藩置県によって松代藩がなくなるまでの約二五〇年間、真田家が一〇代にわたって統治を行なった。城は松代にあり、松代城または海津《かいづ》城と呼ばれた。

寛文四年（一六六四）時点における領内の村数と石高は、一八二か村、一〇万石で

図4　松代藩の職制図（部分）

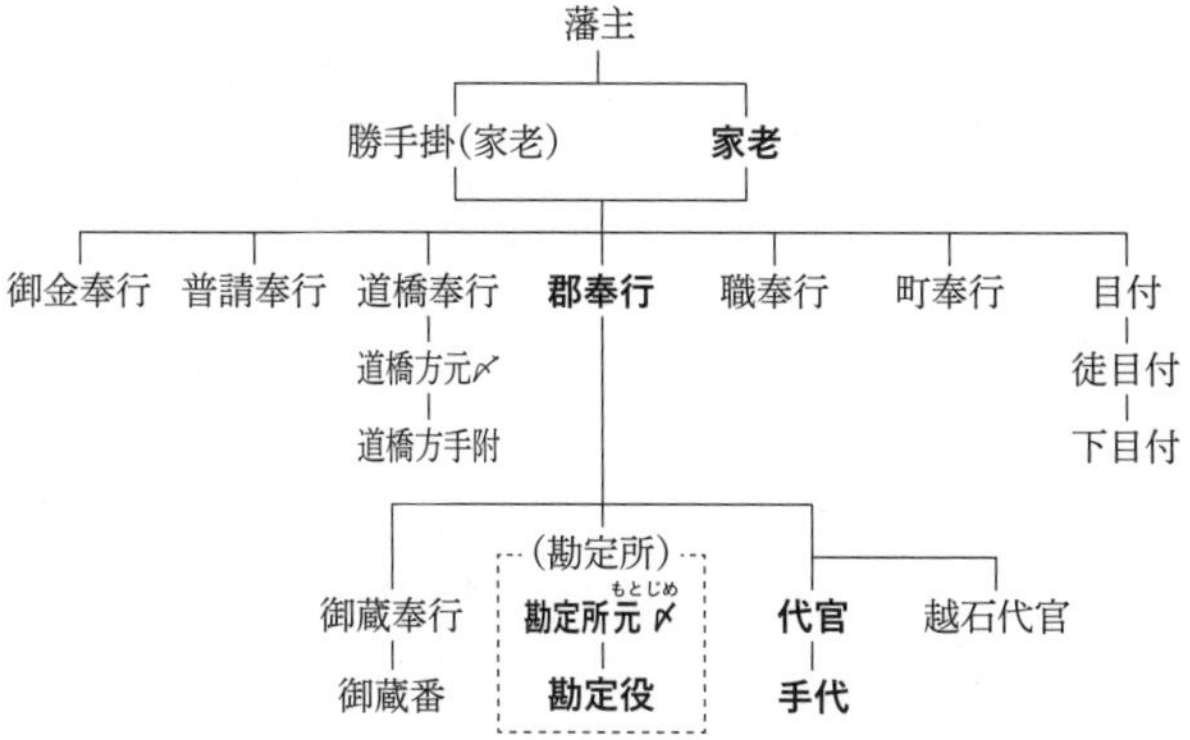

松代藩の職制の主要部分を示した図である。百姓たちと直接接することが多いのは、代官やその下僚の手代、勘定所に勤務する勘定所元〆や勘定役たちだった。彼らの上役が郡奉行で、その上位に家老が位置した。

＊図は『信濃国松代真田家文書目録（その四）』127ページの図をもとに作成。本章で取り上げる山争い関係の史料（国文学研究資料館所蔵）の情報も、この目録に収められている。

あった。この一〇万石という数字は、幕府やほかの大名に向けての表向きのものであり、実際の石高はもっと多くて、一一万〜一二万石くらいだった。

領内の全戸数は安政三年（一八五六）に二万六四三〇戸、全人口は天保五年（一八三四）に一三万六五三人だった。

松代藩で村々の支配・行政を行なう職制は、家老――郡奉行《こおりぶぎょう》――勘定所《かんじょうしょ》・代官という系列になっていた（図4参照）。

藩主のもとで、家老が家臣団の最高責任者となっていたのである。家老は村支配以外にもさまざまな分野の最高責任者だったが、そのもとで村々の支配を専管する責任者が郡奉行で、定員は四人であった。郡奉行は、村と百姓の支配全般と、年貢や村役人の職務に関わる訴訟を扱った。

代官は、村の土地と百姓を管轄し、年貢徴収などを行なう役職である。代官の定員は時期によって四〜八人と変動したが、文政八年(一八二五)以降五人となり、代官一人に対してそれを補佐する手代《てだい》が四人ずつ付いた。

一一か村が共同利用する「仙仁山」をめぐる争い

以下、文化一〇年(一八一三)から文政二年(一八一九)にかけて起こった、山をめぐる争いを詳しくみていこう。

争いの舞台となる松代藩領の仙仁《せに》村(現須坂《すざか》市)は、信濃国高井郡に属していた。同村高(村全体の石高)は一九世紀前半に一二五石余で、耕地の大部分は畑だった。同村は松代城下の東方一〇キロメートルほどの所にある山間の村で、同村の周囲には仙仁山と呼ばれる入会山《いりあいやま》が広がっていた。入会山とは、一村もしくは複数の村々の共有地のことである。村人たちは、農業以外に、入会山での薪《まき》伐りや炭焼きなどの山稼ぎで生計を維持していた。

仙仁村の周囲の仙仁山は近隣一一か村の入会山になっていた(村々入会)。一一か村とは、幕府領の中島《なかじま》村・栃倉《とちぐら》村・九反田《くたんだ》村・幸高《こうたか》村・井上《いのうえ》村、松代藩領の仙仁村・仁《に》

図5　現代の仙仁周辺地図

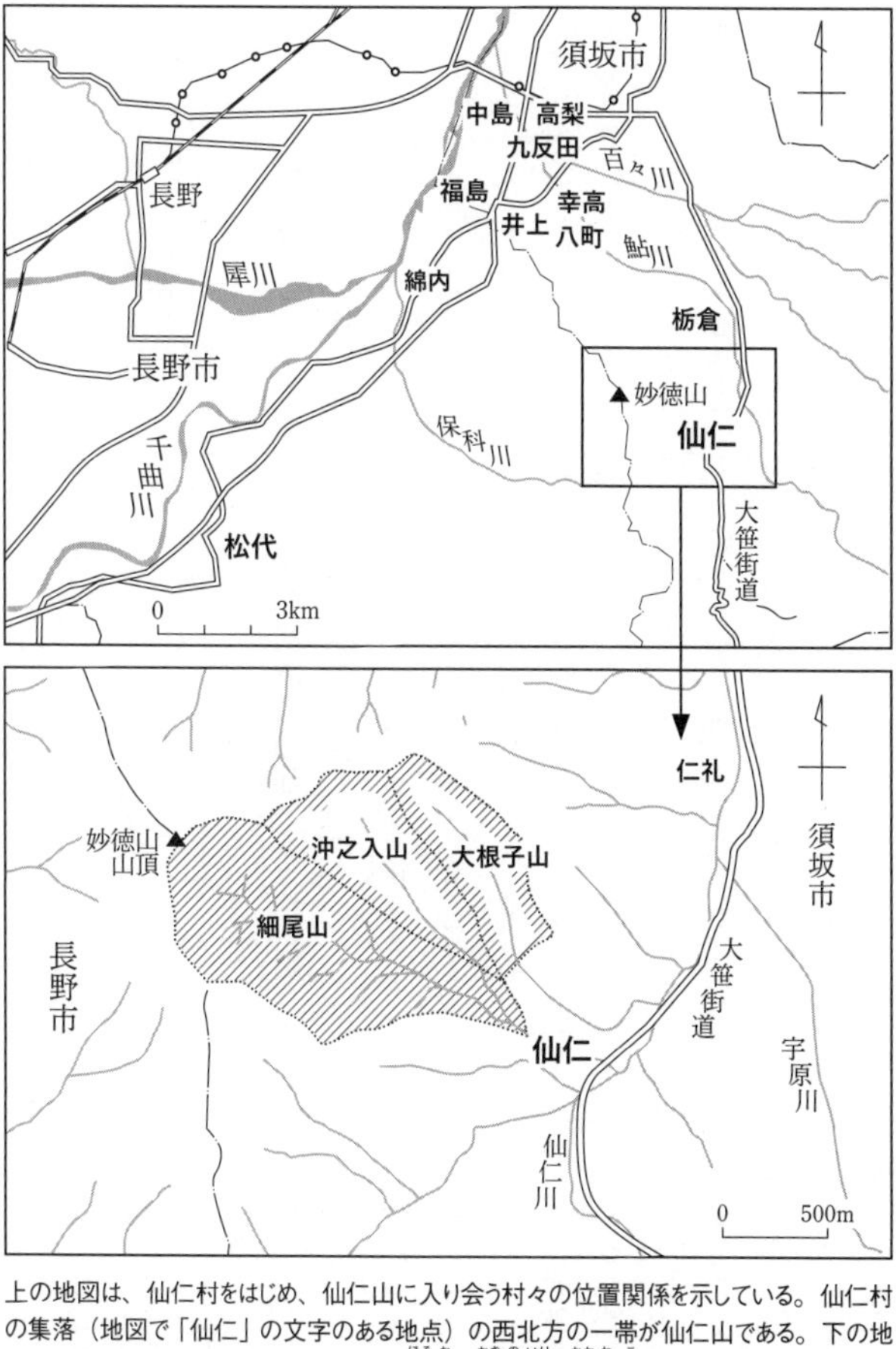

上の地図は、仙仁村をはじめ、仙仁山に入り会う村々の位置関係を示している。仙仁村の集落（地図で「仙仁」の文字のある地点）の西北方の一帯が仙仁山である。下の地図は、123ページ以降で争点となってくる細尾《ほそお》・沖之入《おきのいり》・大根子《おおねこ》の3か所の山の位置を示している。この3か所の山は、仙仁山に隣接し、仙仁村の集落や耕地に近い位置にあった。

＊渡辺尚志『近世百姓の底力』（敬文舎、2013年）213ページより転載

礼《れい》村・八町《はっちょう》村・福島《ふくじま》村、須坂《すざか》藩領の綿内《わたうち》村・高梨《たかなし》村である（図5参照）。

このなかで、仙仁・仁礼両村が仙仁山の山元《やまもと》になっていた。山元とは、入会山の管理を中心的に担う村のことである。仙仁山は、複数の村々が、共通のルールに従って共同利用する入会山だったのである。

山争いの発端――幕府領の村々が松代藩領の仙仁村に抗議

入会山をめぐる争いは、次のようなかたちで始まった。

文化一〇年（一八一三）一一月二日の夜に、幕府領であった中島村・栃倉村・九反田村・井上村の百姓たちが仙仁村に来て、仙仁村の組頭要右衛門《ようえもん》に、同村の名主平蔵《へいぞう》に面会したいと申し入れたのである。夜中にいったい何の用があるのか。

四か村の百姓たちが言うには、「仙仁村の者が、勝手に入会山のなかに耕地（畑）を造成し、また入会山の一部を村持山《むらもちやま》（仙仁村単独で利用する山）にしていると聞いたので、真偽を確かめに来たのだ」ということだった。仙仁村が、ほかの入会村々には無断で、入会山を独占したり、勝手に耕地開発したりしていることに抗議しに来たのである。そして、幕府領の村々が連名で作成した書面を、要右衛門に読み聞かせた。

しかし、その日は平蔵に会うことはできなかった。

翌日も、栃倉村の名主荘助《しょうすけ》らが仙仁村にやってきた。今回は、名主平蔵も彼らに面会し、「入会山のなかに開発した土地は、検地帳《けんちちょう》（村の土地台帳）にも記載された仙仁村の百姓の土地に間違いありません。これまで荒れ地になっていた所を再開発しただけです。また、一一か村の入会山を村持山にしたことはありません」と返答した。幕府領村々の疑惑を全面否定したのである。ただし、これは平蔵の言い分であり、荘助らはそれに納得したわけではなかったが、ひとまずその場は引き取った。

これが、争いの発端である。こうしたトラブルは、江戸時代には全国各地で広くみられた。林野は広大だったから、宅地・耕地と比べて、明確な境界線を引くことが困難だった。だから、村々共有の入会山と、村持山（一村単独の入会山、村中入会）や百姓持山（百姓の私有林）との境界をめぐる争いが頻発したのである。

また、百姓たちは、少しでも耕地を増やそうと、林野を耕地に開発していった。それ自体は、百姓たちの生活向上を願う気持ちの現れなのだが、林野が耕地に変われば、それだけ林野が減少し、そこからの収取物は減ってしまう。耕地における収穫は、林野に由来する肥料によって保障されているわけだから、耕地さえ増えればいいというわけではなく、耕地と林野のバランスが重要だったのである。

さらに、共有地である入会山の一部を一軒の百姓が耕地として排他的に占有していいのかという問題もある（一定期間耕作したのち、また入会地に戻す焼畑なら別だが）。今日でも、河川敷に周辺住民が無断で家庭菜園をつくったりして問題になることがあるが、それと通底する問題である。また、入会山を、ある村の百姓が耕地開発することによって、そこを拠点にその村が耕地周辺の林野にまで影響力を広げ、ひいてはその村の村持山にしてしまう恐れも出てくる。入会山における耕地開発は、こうした問題をはらんでいた。

したがって、幕府領の村々は、仙仁村の動向に神経をとがらせ、事の真偽を確かめようとしたのである。

争点の変転——その山は一一か村の物か、仙仁村の丹蔵・平蔵の私有地か

栃倉村などの申し入れを受けて、仙仁村では一一月五日に村中寄合《むらじゅうよりあい》（村の全戸主による会議）を開いて対応を協議し、翌六日には松代藩にも事情を報告した。その際、仙仁村の村役人らは、藩の役人に、「栃倉村などに対しては、『一一か村の入会山のうちに、仙仁村の者が近年開発した耕地があるのは事実だが、それは前々からあった耕地が荒れ地になっていたのを再開発しただけである』という主張で通したいと思います」と述べている。新たな耕地の造成ではないので、問題ないという主張である。

一一月八日の夜には、栃倉村などへの対応をめぐって、再度村中寄合が開かれた。その席で、小前《こまえ》（一般の百姓）たちは、「仙仁村は小さな村で、自分たちは困窮しています。そうしたなかで、多くの村を相手にしての訴訟はできません。ですから、今問

題になっている山や畑は、入会村々に引き渡すべきだと思います」との意見を述べた。

小前たちは、幕府領の入会村々が、仙仁村の主張に納得しない可能性を考えていた。そこで、小前たちは、この問題が幕府領村々との訴訟に発展した場合、自分たちは訴訟費用の負担に耐えられないので、それなら最初から幕府領村々の主張を全面的に認めてしまったほうが、まだマシだと考えたのである。

ところが、寄合解散後の九日午前三時頃になって、小前の音七《おとしち》ら大勢が長百姓《おとなびゃくしょう》（他地域の百姓代に相当する村役人）清五郎《せいごろう》の家に来て、「今日、井上村（幕府領）の者が来て、『自分たちは、仙仁村の百姓が開発した耕地を問題にするつもりはない』と言っていきました」との情報をもたらした。

これが本当なら、幕府領の村々はいったい何を問題にしているのだろうか。この意外な情報を受けて、また名主宅で村中寄合が開かれた。その席で、音七は、「井上村の者たちは、入会山に隣接している細尾山《ほそおやま》と沖之入山《おきのいりやま》という二か所の山の権利を問題にしているのです」と説明した。ここで新たに、細尾山と沖之入山が登場してくる（119ページ図5、次ページ図6参照）。

この二か所の山は、一一か村の入会山でも仙仁村一村の村持山でもなく、仙仁村の名主平蔵と頭立《かしらだち》（村役人の補佐役。村役人ではない）丹蔵《たんぞう》が、仙仁村の領域内において個人的に持っている山のはずだった。それを、幕府領村々は、そこは一一か村の入会

図6　細尾・沖之入・大根子の3か所の山の絵図（部分）

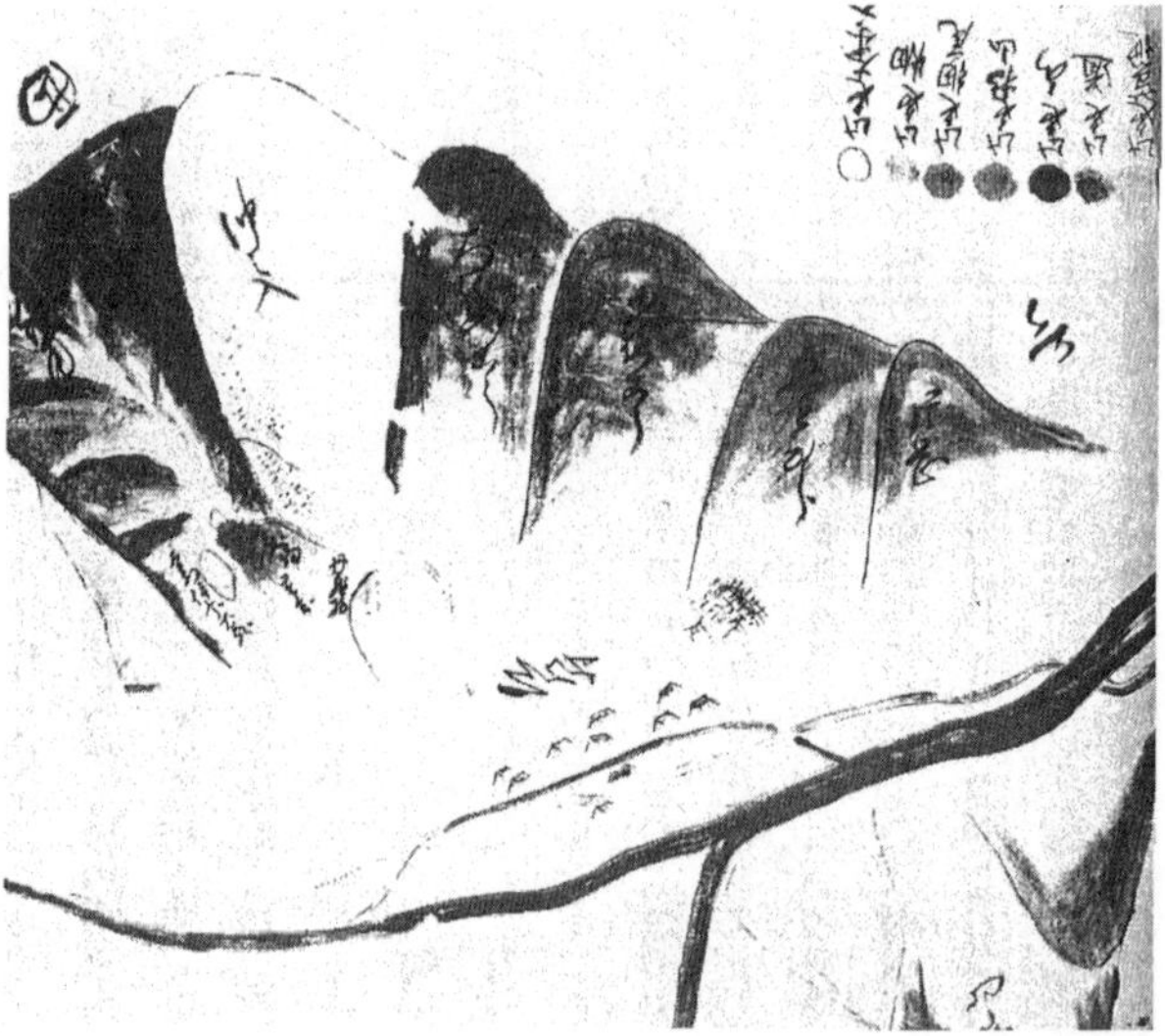

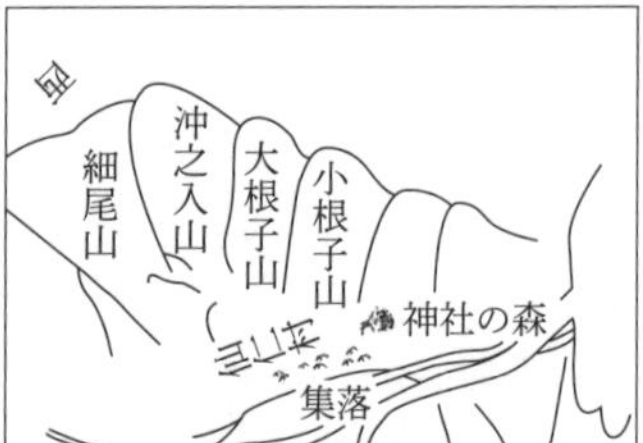

上は、本文で述べた山争いの際に作られた、江戸時代の絵図である。下左は、その読み取り図である。絵図には、細尾・沖之入・大根子（大根子は128ページ以降争点に加わる）の3か所の山と、その麓の仙仁村の集落が描かれている。この絵図は、真田家文書（国文学研究資料館所蔵）のなかにある。

＊渡辺尚志『近世百姓の底力』(敬文舍、2013年)　221ページより転載

山の一部ではないかと主張しているというのである。一一か村の入会山の一部を、仙仁村の者が囲い込んでいるという理解である。ここにおいて、問題の焦点は、細尾山と沖之入山が、一一か村の入会山か、丹蔵と平蔵の持山かというところに絞られてきた。

村人たちは、「そういうことならこの問題は自分たちには直接関係ないので、この一件に関わる経費などは、丹蔵と平蔵の二人だけで負担すべきだ」と主張した。自分たちに負担が及ぶのを避けようとしたのである。

逆に、丹蔵・平蔵にしてみれば、事態はより深刻なものになってきたといえる。二人はともに村の指導部だし、特に平蔵は名主であるから、幕府領村々とのトラブルに際しては、村を代表して対応に当たらねばならない。けれども、それはあくまでも村の代表という立場での対応であり、直接自分一己の利害に関わるわけではない。それが、にわかに自分の持山に関わる問題になってきたのである。

そこで早速、平蔵を中心とする仙仁村の村役人らは、松代藩の代官所に、「細尾山と沖之入山は、丹蔵と平蔵の持山に相違ありません。証拠書類も持っております。このように証拠明白な村人の持山を、一一か村の入会山だなどと言われて迷惑しております」と訴え出た。

また、閏《うるう》一一月（閏月については先述）には、仁礼村（松代藩領）の村役人が、松代藩の郡奉行所に対して、「閏一一月一一日に、中島村（幕府領）の名主から連絡を受けて、入会一一か村の代表が同人宅へ集まりました。その際、同人から、入会山の境界を確認したいという提案がありました。仁礼村はいったん返答を保留して帰り、この件を代官所へご報告したうえで、中島村には提案は承知した旨の返事をいたしました」と報告している。同月、福島村（松代藩領）からも、同様の報告が郡奉行所になされている。

この問題は、翌年になっても解決しなかった。文化一一年八月には、八町村（松代藩領）と仁礼村の村役人が、細尾山と沖之入山の帰属について、郡奉行所の質問に答えている。また、九月には、福島・仁礼両村の村役人が郡奉行所に、「今月開かれた入会村々の寄合で、九反田・栃倉・中島各村（いずれも幕府領）から、『昨年来の入会山をめぐる問題に関わって、近日中に仙仁村を除く村々の代表が立ち会って、山の境界を確認したい』という提案がありました」と報告している。この時点でも、村々の入会山の範囲はいまだ定まっていなかった。

このように、仙仁山を共同で利用する一一か村は、必要に応じて会合を開き、山の利用に関して相談していた。また、一一か村のうちでも、仙仁村をはじめ松代藩領の村々は、この問題で何か動きがあるたびに、それを代官所や郡奉行所に逐一報告し、必要な指示を仰いでいたのである。

そもそも、江戸時代には、広大な山野においては、境界や帰属が明確に定まっていない所が広範に存在した。境界が明確な線ではなく、一定の幅をもった境界地帯（グレーゾーン）として、曖昧に認識されている場合も多かったのである。また、山野の境界や帰属に関して、隣り合う村の間で認識が異なることも稀ではなかった（この点については、第四章でも述べる）。同じ山野を、隣り合う両村がいずれも自村の領域だと考えていることも少なくなかった。そのように曖昧なままにしておき、お互い自分の都合のいいように解釈して済ませていることによって大きな問題にならないという面があったのだが、仙仁村の事件では帰属の明確化を図ろうとして争いになったのである。

松代藩と領内村々の連携

入会山を共同利用する一一か村のまとまり（これを入会組合という）は、これらの村々が山の近辺に位置し、かつ入会山を必要としていたことによってできたものである（入会山の近くの村でも、自村に十分な村持山・百姓持山があるときは、入会組合に加わらないこともある）。すなわち、入会組合は、自然的・地理的条件や生産条件に規定されて成立したものであり、領主がつくったものではない。

入会組合一一か村の領主をみると、五か村が幕府領、四か村が松代藩領、二か村が須坂藩領だった。松代藩領の村々は、藩からの法令や通知の伝達、藩への年貢上納などさまざまな面で共通の条件下にあった。仙仁村は、入会組合一一か村の構成メンバーであるとともに、松代藩領村々の一員でもあった。

だから、幕府領五か村と松代藩領四か村は、入会組合のなかでもそれぞれとりわけ強く結びついていた。最初に仙仁村に抗議に来たのが幕府領の村々だったということも、幕府領村々の強い結びつきを示している。

幕府領村々に対抗して、仙仁村では、松代藩の代官所・郡奉行所と連絡を取りつつ事態に対処していった。松代藩領である仁礼村・福島村も、事態の推移を適宜、藩に報告している。この件は、直接には入会村々同士の争いだったが、その背後にあって領主（松代藩）もそこに関わっていたのである。

さらに、松代藩はただ村々からの報告を受けていただけではなく、より深くこの件に関与していた。それを示すのが、次のやりとりである。

文化一一年一〇月に、郡奉行は仙仁村に、「幕府領や須坂藩領の入会村々が山の境界を確認しに来たとき、三か所の山（細尾山・沖之入山・大根子《おおねこ》山。この時点では大根子山の帰属も問題にされている。大根子山の位置については前掲の図5、図6参照）はどこのものだと言うつもりか」と尋ねた。

それに対して、仙仁村の村役人は、「三か所は丹蔵と平蔵の持山だと言うつもりです」と答えた。

すると、郡奉行は、「それでは三か所の山を幕府領や須坂藩領の入会村々に取られてしまう。そこは古くから仙仁村の村持山だと主張せよ。このことは、福島・八町・仁礼の各村（いずれも松代藩領）にも話しておく。また、この件については、福島村の沖八《おきはち》と文八《ぶんぱち》（二人は、この争いの仲裁者になっていた）の指図を受けよ」と言い含めた。幕府領村々への応答内容まで指示しているのである。

一〇月一六・一七両日には、いよいよ入会村々による山の境界の実地検分が行なわれた。その際、松代藩領の四か村は、郡奉行の指示どおりに、三か所の山は仙仁村の村持山だと主張したが、ほかの村々は納得しなかった。

以上の経緯から、藩は、この件に公正中立な立場で関与したのではなく、あくまで松代藩領の土地を確保したいという自藩固有の利害に基づいて、藩領村々に指示を与えていたことがわかる。

松代藩の指示「三つの山は仙仁村の山と主張せよ」

江戸時代には、幕府によって、大名同士であれ、村同士であれ、武力を用いた抗争は固く禁じられていた。したがって、大名たちは、戦国時代のように、戦争によって領土を拡大することは不可能だった。

しかし、そうしたなかで、領域の変更に結びつく可能性があったのが、他領との境界における領主の異なる村同士の領域争いである。幕府の裁判で負けて村の領域が削られれば、そこを支配する大名の領地も削られることになったのである。だから、藩領の境界地帯における村同士の領域争いには、どの大名も敏感になっていた。松代藩も例外ではなく、幕府領や須坂藩領との境界地帯にある山の帰属には重大な関心を払い、自領確保の観点から松代藩領の村々にさまざまな指示を与えていたのである。

一般に、自村の集落や耕地に近い山野は、自村民だけの入会山（村持山、村中入会）だったり、自村の家々の個別持山（百姓持山）だったりすることが多く、それに対して、自村からも他村からも比較的遠い山野は、周辺村々による入会になるケースが多かったといえる。

ここでは、細尾山・沖之入山・大根子山の三か所が、仙仁村の領域内にある丹蔵と平蔵の持山か、一一か村共有の入会山かということが争点となっている。もし後者であれば、三か所の山は仙仁村固有の領域ではなく、一一か村の共有地ということになり、したがって仙仁村以外の入会村々もそこを利用できるのである。

仙仁村側では、当初この三か所は丹蔵と平蔵の持山だと考えていたが、松代藩は、そのような主張では幕府領村々に対抗できないと判断したようである。仙仁村全体で共有する村持山だと主張して、村ぐるみで幕府領村々と対決したほうが、丹蔵・平蔵の個人的問題だとして彼ら任せにしておくよりも、仙仁村側の主張が通る可能性が高いと考えたのだろう。そして、ほかの松代藩領村々にも、その線で仙仁村をバックアップするよう指示したのである。

丹蔵と平蔵の持山であろうと、村持山であろうと、それは仙仁村の領域内であることに変わりはない。むしろ、村持山となったほうが、丹蔵・平蔵以外の村人たちもそこを利用できることになり、一般の村人たちにとっては好都合だった。だから、仙仁村側では藩の指示を受け入れて、そこは村持山だと主張することにしたのである（丹蔵・平蔵は納得しなかったが）。

いずれにしても、仙仁村の村人たちは、三か所の山が仙仁村の領域内であると固く信じていた。それが万一、一一か村の入会山だということになってしまえば、そこは仙仁村固有の領域ではなく、一一か村で共有する領域の一部になってしまう。それは仙仁村固有の領域が縮小することであり、同時に松代藩にとっては固有の領土が減少することにつながった。

これは、村にとっても藩にとっても、とうてい容認できない由々しい事態である。そこで、仙仁村と松代藩とは共同して、幕府領村々に対抗したのである。

仙仁村の主張通るも、炭焼きが禁止される

この件は、文化一一年一二月に和解が成立し、細尾山など三か所の山は仙仁村の領域だということが認められた。仙仁村・松代藩・同藩領のほかの村々の協力関係が功を奏したのだろう。この点では、仙仁村と松代藩の勝利だった。しかし、喜んでばかりはいられない問題があった。

まず問題となったのは、三か所の山の帰属である。仙仁村は、幕府領村々に対しては、そこは村持山だと主張して、それを押し通した。しかし、その結果、そこが本当に村持山になったのか、それとも村持山だという主張は一時の方便であり、そこはあくまで丹蔵・平蔵の持山なのかという問題が後に残ったのである。

もう一つの問題は、和解と同時に入会一一か村によって一つの規定書《ぎじょうしょ》(取り決め文書)が結ばれたことである。この規定書では、以後入会山において、仙仁村の者は、ほかの入会村々の許可なく炭を焼いてはならないと定められた。実質的には、炭焼きが禁止されたと考えてよかろう。三か所の山を仙仁村の領域とする代わりに、仙仁村にも入会山の利用制限というかたちで、一定の譲歩が求められたのである。

一般的に言って、入会山の利用ルールは、慣行や不文律によっていることが多かったが、規定書などのかたちで明文化されている場合も少なくなかった。そして、この場合のように、入会村々の争いを機に、明文の規定が定められる例は広くみられた。

この規定書は、幕府領村々の主導のもとで締結されたようだ。ただし、松代藩の郡奉行も、藩領村々が規定書に調印することは認めていた。三か所の山を松代藩領として確保できるなら、代わりに規定書くらい結んでもかまわないと考えたのだろう。しかし、この規定書は、のちの紛争の火種となる問題点を含んでいた。

それは、仙仁村の百姓が入会山で炭を焼くことを原則として禁止した点である。仙仁村の小前《こまえ》（一般の百姓）たちにとって、炭焼きは生活費を稼ぐための重要な生業だった。そこで、小前たちは規定書の締結には不満を抱いており、これがのちのち問題になってくる。小前たちは、炭焼きの禁止は自らの生活権の侵害に当たるとして、規定書の締結には反対だった。彼らは、丹蔵・平蔵が、村人の生業を犠牲にして自己の持山を確保しようとしたのだと考えて、両人への反発を強めた。

これに対して、丹蔵・平蔵は、「仙仁村の名主は、文化一一年中に平蔵から常右衛《つねえ》門《もん》に交代しており（以後、平蔵は頭立となる。丹蔵は頭立のまま）、規定書は常右衛門が一存で調印したもので、自分たちに責任はない」と弁解した。規定書は自分たちの知らないところで結ばれたものだというわけである。

しかし、常右衛門は、「規定書には丹蔵・平蔵や小前の代表と相談したうえで調印した」と言っており、両者の主張は食い違っている。このように、丹蔵・平蔵と村役人・小前たちとの間には大きな見解の相違があった。

3　松代藩領の村内部での山争い

事態は仙仁村内部の争いに発展

ともあれ、文化一一年一二月の和解によって、三か所の山が仙仁村の領域内であることが認められて、幕府領村々との紛争にはひとまず決着がついた。しかし、三か所の山が村持山なのか、丹蔵・平蔵の持山なのかという問題は残った。さらに、規定書によって炭焼きを禁止された小前たちの不満もくすぶっていた。

そうしたなかで、文化一二年二月には、村役人と小前合わせて一九人（のち一人減って一八人。当時の村の全戸数は三〇戸、したがって戸主は三〇人）が、「丹蔵・平蔵が村役人を務めていたとき（丹蔵も過去に村役人を務めていた）、私欲に基づく不正行為がありました」と藩の代官所に訴え出た。こうして事態は、村同士の争いから村内部の争い（村方《むらかた》騒動）に移っていったのである。

村役人と小前たちの主張は、「丹蔵・平蔵の親たちが村役人だったとき、年貢・諸《しょ》役《やく》（年貢以外の百姓の諸負担）を不正にごまかして、自分たちの負担すべき分をほかの百姓たちに転嫁していました。丹蔵・平蔵も、それを継承していたのです」というものだった。

糾弾された丹蔵・平蔵、駆込訴を決行

この争いは、松代藩内の村々を管轄する部局である代官所や郡奉行所などで審理されたが、その経過は丹蔵・平蔵に不利なものだった。そこで二人は、文化一三年閏八月に、目付《めつけ》役所（117ページ図4参照）に駆込訴《かけこみそ》（正規の手順を踏まない越訴。この場合は、村役人や藩の担当部局を通さず、二人が直接目付に訴え出たこと）を決行した。目付とは、藩政全般を監察する役職である。その目付に、代官所や郡奉行所で公正な取り調べが行なわれていないと訴え出ることで、事態の好転を図ったのである。その際、丹蔵・平蔵は次のように訴えた。

一、細尾・沖之入・大根子の三か所の山は、以前からわれわれ（丹蔵・平蔵）が所持し、年貢も上納してきました。ところが、文化一〇年に、幕府領の栃倉・九反田・中島・井上四か村の者たちが、「細尾山と沖之入山は一一か村の入会山の一部である」と主張し始めました。

われわれは最初取り合いませんでしたが、四か村側が繰り返し主張するので、藩に訴え出ました。そこへ、松代藩領の福島村の沖八と文八が、郡奉行所の内意を受けて仲裁に入ってきました。

われわれは、沖八らの示す仲裁案には反対でしたが、代官所（代官は上原友左衛門《ゆうざえもん》）でも郡奉行所（郡奉行は菅沼九左衛門《きゅうざえもん》）でも、「沖八らの言うとおりにせよ」と言われました。そこで仕方なく、文化一一年一二月に、沖八らの仲裁案に従って和解しました。ところが、沖八らは、和解内容が書かれた取り決め書を見せてくれません。こうした沖八らのやり方は、とうてい納得できません。

一、われわれは、過去に何年も名主を務め、村のために働いてきました。ところが、文化一二年二月に、村役人らがわれわれを、名主勤役中に不正行為があったとして、代官所へ訴え出ました。この件は今もって決着していませんが、村役人らの訴えは不当なものだと思います。

一、文化一二年一月に、仙仁村の長百姓幸右衛門《こうえもん》が代官所に、細尾山など三か所の山の山留《やまどめ》（入山禁止）を願って認められました。その後、今に至るも山留が解除されないので困っています。三か所の山を、早くわれわれの持山だと確認して、山留を解除してください。

以上の主張の一条目からは、丹蔵・平蔵が、扱人《あつかいにん》（仲裁者）の沖八・文八と代官所・郡奉行所のやり方に不満をもっていることがわかる。

三条目では、山留が問題になっている。山留とは、係争中で権利関係が確定していない山を一時的に立入禁止にして、争いが解決するまで利害関係者が勝手にそこを利用しないようにする措置である。

丹蔵・平蔵は、あくまでも三か所の山は自分たちの持山だと主張していた。そこで、村役人・小前たちは幸右衛門を代表に立てて、丹蔵・平蔵が係争中に山を利用することを防ぐために、山留を申請した。それに対して、丹蔵・平蔵は、速やかに自分たちの所有権を認定して、山留を解除してくれるように、目付に願っているのである。

三か所の山は誰のものか？

丹蔵らの駆込訴は効果を発揮して、藩側の取り調べ担当者が交代した。

その後の取り調べの過程で注意しておきたいのは、仙仁村の村役人・小前たちの、三か所の山に対する認識の変化である。前述したように、文化一一年一〇月の段階では、村人たちは、山は丹蔵らの持山だと考えていた。それが、郡奉行の指導を受けて、幕府領村々に対して三か所の山は村持山だと主張したことによって、村人たちの考えに変化が生まれた。

文化一四年一一月には、村役人・小前惣代《こまえそうだい》（小前たちの代表者）たちは、三か所の山は丹蔵らのものかどうか疑わしいと言うようになった。そして、文化一五年三月には、村役人・小前惣代たちは、「三か所の山は村持山です。丹蔵らは、そこは自分たちの山だと言いますが、村役人在職中に不正をするような者の言うことは信用できません」と主張している。

しかし、この時点でも、三か所が村持山であることの積極的な根拠はあげられていない。やはり、こうした見解の変化には、藩の指導の影響が大きかったのだろう。

これに対して、丹蔵らは、三か所はあくまで自分たちの持山だと主張したから、両者の溝はますます深まっていった。丹蔵らと村役人・小前惣代は、村役人在職中の不正問題と、三か所の山の帰属問題の双方において、鋭く対立することになったのである。

ただし、村人のすべてが、丹蔵らと対立していたわけではない。村役人を含む一八戸の戸主は丹蔵らと対立していたが、丹蔵・平蔵両家と何らかの親戚関係にあった一〇戸の戸主は、二人に同調していた。当人たち二人を含めた一二戸の戸主が、丹蔵・平蔵派だったのである。この件は、村内を二分する争いとなっていった。

丹蔵と平蔵、山は私有地だと断固主張

文化一五年（一八一八）三月に至って、藩の吟味は最終段階を迎えた。同月、丹蔵・平蔵は過去の村運営に関しては自らの非を認めて、藩の担当役人に、何とか藩の上層部に取りなしてくれるよう願っている。しかしその時点でも、丹蔵らは三か所の

山に関しては、次のような内容の書面を提出して自らの主張を譲らなかった。

三か所の山がわれわれ（丹蔵・平蔵）の持山であることは明白ですから、幕府領村々との争いのときにもあくまでそのように主張するつもりでいました。福島村の沖八と文八が仲裁に入ってくれたので、彼らにもそのように言いました。しかし、沖八らは、われわれの主張を信じてくれません。そこで、御代官の上原友左衛門様に、対応の仕方を伺いました。

すると、御代官様からは、「その方どもは、困窮している百姓である。数か村を相手にしての訴訟では多額の訴訟費用がかかるから、その方どもでは持ちこたえられまい。そこのところをよく考えて、沖八らに従うがよい」と厳しく言い含められました。

そこで、われわれもあらためてよく考えましたが、結局、「たとえわれわれがどれほど困窮しようとも、あくまでわれわれの持山だと主張したいと思います」と再度申し上げました。

すると、御代官様はご了承なさるどころか、「こちらが言い含めたことに従わないとは、不埒である」とお叱りになりました。それで仕方なく、沖八らの言うとおりに、われわれから幕府領村々に金を渡して、それで解決することにしたのです。

このように、丹蔵・平蔵は、代官から強く言い渡されて、仕方なく金で解決したのだと主張している。ここで、幕府領村々との和解の裏で金が動いていたことが明らかになった。丹蔵・平蔵は、三か所の山は間違いなく自分たちの持山なのだから、その点を主張すれば認められるはずであり、金など払う必要はないと考えていた。そうした考えを代官に否定されて、丹蔵らは大いに不満だった。

しかも、金を出した結果、自分たちが三か所の山の持主だと確認されればまだしも、村役人や小前たちは、山は村全体のものだと主張しているのだから、丹蔵らが納得するはずがなかった。

判決の方向性が固まる

こうした丹蔵らの主張を聞いたうえで、文化一五年三月に、藩の担当役人は、次のような伺《うかがい》書《しょ》を藩上層部に提出している。


丹蔵・平蔵の主張（前記の書面のこと）は、口先だけの根拠の乏しいものだと思います。

われわれ（二人の担当役人）は、規定書《ぎじょうしょ》（仙仁村の百姓が入会山で炭焼きをすることを禁止した規定書）が結ばれたときの事情をくわしく知りたいと思いましたが、平蔵は、「規定書を結んだ寄合のときは、親類に病人がいたので早々に帰りました。ですから、くわしい事情は知りません」と言います。丹蔵は最初から、「私が規定書の文面を書いて、名主の常右衛門に渡しました。あとは、常右衛門が一存で調印したのだと思います」と主張しています。

われわれは双方（村役人・小前と丹蔵・平蔵）の言い分をくわしく聞きたいと思って仙仁村に出向きましたが、丹蔵は何度呼んでも病気と称してやって来ません。丹蔵は、以前御代官に呼び出されたときも、病気を理由に出頭しませんでした。そのときは代わりに倅《せがれ》が出頭しましたが、倅では事情がわからず、そうしたこともあって今まで吟味が長引いてしまいました。

ところが、われわれが村から引き上げるとすぐに、彼らは前記の書面を差し出してきました。短期間で病気が全快したとでもいうのでしょうか。彼らは、仮病をつかったのだと思います。しかも、書面には自分たちの言い分だけを書き連ねています。

丹蔵らはこうした考えの持ち主ですから、さらに吟味すれば、「御代官上原友左衛門様の言い含め方がよくなかったのです」などと言い募って、容易には決着しないのではないかと思います。そこで、丹蔵らから書面を受け取った際に、次のように説諭しました。

「たとえ上原友左衛門が何と言おうと、その方どもが自分たちが正しいと確信するに足る確かな証拠があれば、ほかのやり方で幕府領村々に対処することもできた。ところが、だんだん話を聞いてみると、その方どもは、『三か所の山に関する過去の経緯は、よく存じません』などと言うではないか。たいへん不行届きである。

三か所の山は、その方どもが二人だけで所持するには広すぎるから、おそらく村持の山を横領したのであろう。確かな証拠もないのに幕府領村々と争ったうえ、われわれには真実を告げないというのは不届きである」

このように言い聞かせたところ、丹蔵らは、「弁解のしようもございません。このうえは、お情けのある取り計らいをお願いいたします」という内容の書面を提出しました。

この間の経緯は、以上のとおりです。丹蔵らは不届き者ですが、古くから松代藩領で暮らしてきた百姓ですので、お情けをもってお赦しいただければと思います。この段、お伺いします。

すなわち、藩の担当役人は、この争いは丹蔵らに非があるが、寛大な処置が妥当ではないかと考えているのである。担当役人は、丹蔵らは三か所の山を所持しているという確かな証拠を示せていないと言うが、逆に三か所が村持山だという確証を得ているわけでもない。

そして、担当役人は、「たとえ代官の上原友左衛門がどう言おうと、丹蔵らに確実な証拠があったならば、それに基づいて幕府領村々に対抗できた」と言うだけで、上原の指示の妥当性や、彼の責任の有無には踏み込んでいない。百姓が代官の指導の問題点を指摘しても、それは正面から取り上げられないのである。

すなわち、藩側の指導に誤りはないという姿勢を貫こうとしているわけであり、この点で藩の吟味には同じ藩士をかばうという政治的判断が加えられているといえる。また、ここには、武士の判断は百姓のそれよりも正しいとする身分的優越意識も表れている。

判決原案、成る

担当役人による判決の方向性についての伺いは、上層部から大筋で了承されたものと思われる。これを受けて、文化一五年三月に、担当役人は次のような判決原案を作成して、郡奉行に伺っている。

①丹蔵・平蔵の処罰について

i丹蔵・平蔵は、頭立《かしらだち》として村の治まりを心がけるべきところ、そうした配慮がなく不届き至極です。そのため、過料金（罰金）三〇両とします。これ以外にも、何らかの処罰を付加したほうがいいでしょうか。また、三〇両のうち二五両は仙仁村に与えるのがいいと思います。

ⅱ細尾山など三か所の山をめぐる件については、丹蔵・平蔵に弁解の余地はありません。丹蔵らは、藩に山年貢（山林からの収益に対して賦課される税）を上納してきたことを根拠に、三か所の山は自分たちのものだと言っておきながら、幕府領村々の主張には十分対抗できず、そのため危うく松代藩固有の領地が幕府領の村々も含めた入会山になってしまうところでした。大事な藩の領地をいい加減なやり方で所持していたことは不届き至極です。よって、三か所の山は藩が没収して、藩の直轄地にしたいと思いますが、それでいいでしょうか。

ⅲのちに、沖之入山だけは丹蔵・平蔵に下げ渡そうと思います。沖之入山の山年貢の額は、追ってお決めください。

丹蔵・平蔵は頭立の身分でありながら、小前たちをごまかしていたことは不届きだと思います。とりわけ、仙仁村以外の松代藩領三か村の者たちは、仙仁村一村のために幕府領村々と争ったわけですから、前記のような厳しい判決内容にしなければ、今後の村同士の関係がどうなるか心許なく存じます。

規定書締結をめぐる丹蔵・平蔵の主張は口先だけで、説得力はありません。皆様（藩の上級役人）に対しても、自分に都合のいいことだけを主張すると思いますが、取り上げるには及ばないでしょう。ただし、彼らは以前から頭立を務めているので、処罰に当たっては恩情を加えるのがいいと思います。

②ほかの村人たちに対して

ｉこれまで、仙仁村の者による炭焼きへの課税として、毎年二四〇俵ずつ炭を上納させてきましたが、今般結ばれた規定書によって入会山における炭焼きができなくなりました。そこで、以後は炭二四〇俵の代金に相当する金額を納めさせることにしたいと思います。

ⅱ細尾山・大根子山の二か所は、村人たちの願いにより、山年貢の額を定めたうえで村持山としたいと思います。

以上の判決骨子は、争点となっている場所を実地に検分し、原告・被告双方の主張をじっくりと判断したうえで作成したものです。これについてのご意見をお伺いします。

判決原案のポイント――丹蔵・平蔵への処罰と温情

この判決原案は重要な文書なので、あらためてその要旨を確認しておこう。丹蔵・平蔵に対する判決内容は、次のとおりである。

①丹蔵・平蔵は、頭立としての務め方が不届き至極につき、過料金三〇両とされた。そして、この三〇両のうち二五両は仙仁村に渡されることになった。そうすることで、村人たちの丹蔵らへの反発をなだめようとしたのである。

②三か所の山については、丹蔵・平蔵の対応のまずさが咎められた。丹蔵らは、藩に山年貢を上納してきたことを根拠に、三か所は自分たちの持山であり、したがって仙仁村の領域かつ松代藩領の山であると主張した。しかし、彼らの主張が幕府領村々に十分対抗できず、藩領が危うく入会山になろうかとしたことが重大問題視された。松代藩にとって、少しでも自藩領の減少につながることは由々しき問題なのであった。

ただし、ここで注意しておきたいのは、判決原案には、「大事な藩の領地をいい加減なやり方で所持していたことは、不届き至極である。よって、三か所の山は藩が没収する」と書かれていることである。これは、三か所の山が丹蔵・平蔵の持山である可能性を認めたうえで、所持の根拠が曖昧であることを理由に、山を藩が没収するということである。

つまり、藩は、山が丹蔵・平蔵のものであることを事実上認めながら、そこを是が非でも松代藩領として確保するための方便として、松代藩領四か村にそこは仙仁村の村持山だと主張させたわけである。ここに、藩領維持にかける藩の執念をみてとれる。

③藩の担当役人は、沖之入山だけは丹蔵らが所持することを認めた。三か所の山を

すべて取り上げるという厳しい処分を下しては、今度は丹蔵らが藩に対して恨みを抱くおそれがあったため、それを避ける狙いがあったのだろう。丹蔵らへの処罰には恩情を加えたほうがいいとも書かれている。

一方で厳しい姿勢を堅持しつつ、他方でお慈悲を示して感服させるというのは、江戸時代の領主が民心を掌握するための常套《じょうとう》手段だった。飴と笞《むち》の使い分けであり、笞の脅しが厳しいほど、わずかな飴でも大きな効果を発揮したのである。

④丹蔵・平蔵は過料金三〇両とされたが、その理由は、「丹蔵・平蔵は、頭立として村の治まりを心がけるべきところ、そうした配慮がなく不届き至極である」からというものだった。村方騒動を引き起こした責任を問われたわけである。

また、判決原案には、「松代藩領三か村の者たちは仙仁村のために山争いをしたのだから、このように裁許しなければ、今後の村同士の関係がどうなるか心許なく思われる」とも述べられている。丹蔵らへの厳しい判決は、ほかの松代藩領の入会村々への配慮でもあった。

藩にとっては、領内の村々が平穏無事であることが、藩の善政が行き渡っている何よりの証拠だった。だから、判決においても、藩領のほかの村々が不満を抱かずに納得し、地域にこれ以上波風が立たないようにするための配慮がなされたわけである。

反対に、村を騒がせた者は、それだけで藩の御威光を傷つけたとして厳しく処断された。

このように、判決原案の背景には、藩の統治の正しさを確認するという政治的意図が存在した。江戸時代の裁判は、純粋に法にのっとって理非を明らかにするというものではなかったのである。

次に、村人たち全体については、

①入会山での炭焼き禁止にともない、従来賦課していた炭の現物での上納を免除し、代わりにそれに相当する金額を上納させること

②大根子・細尾山は、村方の願いにより、村持山とすること

とされた。

①については、現物納が金納になっただけで、百姓の負担は軽減されなかった。炭焼きができなくなったことによって百姓たちは収入減となったにもかかわらず、藩は負担を免除してはくれなかったのである。百姓たちは、以後、炭焼き以外の収入から上納金を捻出せざるを得なくなった。

稟議制による判決の確定

藩の担当役人による判決原案は、郡奉行菅沼九左衛門に上申された。それを受けて、文化一五年四月に、菅沼は次のような伺書を家老に提出している。

頭立丹蔵・同平蔵について。

この両人は、三か所の持山についていい加減な取り計らいをしておき、そのうえ親の代から村役人を務めてきた間に、不正な村運営をしてきました。小前たちがそれを批判し、糾明してほしいと願い出てきたので、一通り吟味を行ないました。すると、一一か村の入会山に関しても容易ならざる事態が起こっていることがわかりましたので、その旨内々にご報告しました。

担当役人が仙仁村に行って取り調べを行ない、さらに問題の山を検分しました。取り調べにおいて、丹蔵・平蔵は弁明ができず、たいへん不埒でした。よって、彼らの持山は藩が取り上げました。吟味中は彼らに手鎖《てぐさり》（手錠）をかけ、身柄は五人組の者に預けておきました。さらに、過料金三〇両を言い渡したいと思いますので、それでよろしいかどうかお伺いします。

以上は同役の者ともすでに相談しましたので、必要書類を添えてお伺いいたします。

このように、郡奉行菅沼九左衛門は、丹蔵・平蔵に過料金三〇両を申し付けるのが妥当だとして、同役とも相談のうえ、家老に伺っている。そして、文化一五年四月に、家老は伺いを承認している。

以上みたように、実際の吟味と判決原案の作成は担当役人が行ない、判決原案は郡奉行に上申される。郡奉行は原案をほぼ踏襲した伺書を家老に提出する。そして、家老がそれを承認して判決内容が確定したのである。

このように、下級実務役人が原案を作成して上級役職者に提出し、上級役職者はそれを基本的に了承してさらに上級者に上申するという階梯《かいてい》を順次経ることによって、判決が確定するのである。そして、確定した判決は、今度は同じルートを逆にたどって実務役人に伝えられ、当事者に言い渡された。

こうしたやり方は、現代でも官公庁や企業など多くの職場で行なわれている稟議《りんぎ》制と共通している。稟議制とは、事情を一番よく知っている現場の担当者が起案した文書を、順次上級の役職者に回して意見を求め、最終的にはその案件に関する最高責任者が決裁することによって、組織としての意思が決定されるという方式である。

稟議制では、起案文書がほぼそのまま最終決定とされていくケースが比較的多くなる。それは、もっとも事情に詳しい現場担当者の意見を尊重した結果であり、そうすることによって現場担当者の志気も高まる。

同時に、複数の上級者がより広い視野に立って目を通すことで、現場担当者が気づかなかった不十分な点を修正することもできる。こうして、最終的に組織の大局的な利益にかなった決定が保障されるのであり、その意味で稟議制とは合理的な意思決定方式だといえるだろう。そして、江戸時代の藩の裁判においても、今日とまったく同じではないとしても、こうした稟議制が採用されていたのである（以上は笠谷和比古氏による）。

藩が判決の言い渡しを延ばした狙い

文化一五年（一八一八）は四月に改元されて、文政元年となった。同年五月二日に、丹蔵・平蔵は藩の役所において、あらためて手鎖をかけられ、身柄は五人組の者に預けられた。二人とも自由な行動は制限され、五人組や村の監視下にあって謹慎しつつ、正式な判決の言い渡しを待つことになったのである。

文政元年五月には、丹蔵・平蔵の親類の代表が、彼らの檀那寺《だんなでら》と同じ宗派に属する大英寺《だいえいじ》・大林寺《だいりんじ》（どちらも松代にあり、真田家が信仰していた）に、「彼らが赦免されるよう、藩に取りなしてください」と願い出た。それを受けて、両寺から菅沼ら三名の郡奉行に宛てて、彼らを赦免してほしい旨の嘆願書が出されている。菅沼は、それをさらに家老に差し出した。

翌六月には、仙仁村の村役人が郡奉行所に、「村人たちは、入会山での炭焼きを差し止められ、またこのたび三か所の山も藩に引き上げられて難儀しております。どうか、三か所の山を村に下げ渡してください」と願い出ている。

すでに四月には判決は確定しており、そこでは細尾山と大根子山は仙仁村に下げ渡すこととされていたのだが、そのことはまだ村人たちには言い渡されていなかった。ようやく六月二日になって、丹蔵・平蔵に判決が言い渡され、彼らからは郡奉行所に宛てて、判決内容を承知した旨の書面が提出されている。もちろん、言い渡された判決内容は、四月に郡奉行菅沼九左衛門から家老に上申して決裁を受けたものと同じだった。

丹蔵らに対しては、五月二日に五人組預けにされてからひと月も経ってやっと判決が言い渡されたわけである。そして、その間に、寺院による赦免の嘆願がなされている。ところが、前述のように、判決はすでに四月に家老の了承によって確定している。

こうした経過からは、次のような藩の狙いが浮かび上がってくる。

すなわち、藩の側は、判決をすぐには言い渡さずに、丹蔵らを手鎖・五人組預けにしておくことによって、いずれ厳罰に処されるのではないかという彼らの不安をかき立てた。そして、当事者や親類たちが寺院に縋《すが》るなど反省の意を示すのを待った。そのうえで、反省しているという情状を酌量し、また間に立った寺院の顔も立てるというかたちで、過料という予想されたよりも寛大な処置を下したのである。

そうすることによって、領主の慈悲を下々に感得させようとしたわけである。また、その間に三か所の山の年貢額の決定など、判決内容の具体化を進めた。

このように、藩にとって、判決の言い渡しとは、慈悲深い領主とそれに恭順の意を表す百姓という関係を再確認していく場であったといえる。そこに、藩の政治的な狙いがあった。

六月には、細尾山・大根子山は丹蔵・平蔵を除く村全体に、沖之入山は丹蔵・平蔵に、それぞれ下し置かれる旨が言い渡された。

なお、このとき、沖之入山の年貢は、従来の籾《もみ》一俵四升から二俵二斗九升へと増額されている。藩は、この機会に、抜け目なく山年貢の増額も実現しているのである。

丹蔵・平蔵、江戸で越訴を決行

丹蔵・平蔵は、六月二日に、判決に服する旨の書面を一応は差し出した。しかし、二人にしてみれば、持山は取り上げられるわ、過料は科されるわ、不本意ながらも代官の指示に従ったらこんな目にあわされるわで、踏んだり蹴ったりである。判決に納得できるわけがなかった。

そこで、丹蔵らは、江戸での越訴《おっそ》という思い切った行動に出た。越訴とは、正規の順序を飛び越えて、上級機関に訴え出ることである。違法行為ではあるが、処罰はされないか、されても軽微なものだったため、江戸時代の百姓たちはさかんに越訴を行なった。この場合は、松代藩の判決に不服だったため、直接幕府に訴えようとしたわけである。

丹蔵らは、文政元年（一八一八）七月二七日に、藩の担当役人のもとに出頭することになっていた。ところが、出頭はせずに、無断で村を発って江戸へ向かったのである。しかし、藩や村では、彼らがどこへ向かったのかわからなかった。

九月には、旅先の二人から村に残る子どもたちに書状が届いた。そこには、「われわれは江戸へ向かったが、途中で平蔵が病気になったため、江戸行きは中止した。代わりに、二人で伊勢参り（伊勢神宮への参詣）をするつもりだ」と記されていた。しかし、伊勢参りをするというのは偽りで、彼らは当初の予定どおり江戸に出たのである。伊勢参りをすると言うことで、藩や村を油断させ、追及の手がゆるむことを期待したのだろう。

江戸に出た丹蔵らは、水戸藩の家臣の家などに滞在していた。彼らと水戸藩の家臣がどのような関係だったのかはわからない。それでも、彼らが、他藩の武士にまでおよぶ幅広い人脈をもっていたことは確かである。江戸時代の百姓たちは、われわれが想像する以上に、広域的に活動し、幅広い人的ネットワークを築いていた。

そして、丹蔵らは、ついに幕府の若年寄《わかどしより》（老中を補佐し、旗本・御家人を監察する役職）林肥後守《はやしひごのかみ》に、松代藩の裁許の不当性を訴え出た。藩の頭越しに、無断で幕府に訴え出たわけだから、紛れもない越訴である。しかし、松代藩内においてはすでに判決は確定しているわけだから、それを覆すには、藩の上に立つ幕府に訴えるしか方法がなかったのである。

丹蔵らにとっても、これは大冒険だった。しかし、この訴えは取り上げられず、翌年六月に松代藩主が参勤交代で江戸に出てくるので、その時まで差し控えているようにと言い渡された。越訴は、失敗に終わったのである。その後も、丹蔵らは江戸に滞在し続けた。うかつに村に帰れば、藩のさらなる処罰が待っていることが予想されたからである。

この丹蔵らの思い切った行動は、当然松代藩の耳にも入った。文政元年一二月には、松代にいる郡奉行菅沼九左衛門から松代藩の江戸藩邸に、今回の山争い関係の書類一式が送付されている。幕府から江戸藩邸への問い合わせがあった場合に備えるためだろう。

一件の終結——訴訟費用は誰が負担したか

文政二年七月に、丹蔵・平蔵らは一年ぶりに松代藩領に戻り、それぞれの檀那寺である小山《こやま》村興国寺《こうこくじ》と井上《いのうえ》村浄運寺《じょううんじ》へ駆け込んだ。

江戸時代には、罪を犯した人間が謝罪と謹慎の意を表すために寺院に駆け込むという慣行が広く行なわれていた。そうしたときには、領主であっても、むりやり寺院に踏み込んで、駆け込んだ人間を手荒に捕縛するようなことは差し控えるのが普通だった。こうした「駆け込み寺」としての機能は、江戸時代のどこの寺院にも多かれ少なかれ備わっていた。

「駆け込み寺」は、離婚したい女性だけでなく、広く窮地に陥った人びとの緊急避難所としての役割を果たしていた。そして、特定少数の寺院だけでなく、全国の多くの寺院が「駆け込み寺」となっていたのである。江戸時代の寺院は、宗教・信仰面だけでなく、こうした側面でも庶民にとって重要な存在だった。

丹蔵・平蔵は、檀那寺である興国寺・浄運寺の住職が藩に取りなしてくれたため、とりあえず仙仁村に帰ることは認められたが、押込《おしこめ》を命じられた。押込とは、門戸を閉ざして外出を禁じることである。そして、二人は、文政二年一一月に、三か所の山に関する藩の判決内容に従う旨の書面を郡奉行所に差し出した。

文政二年一二月には、丹蔵・平蔵の親類と村役人が、二人の檀那寺に、藩へ押込の赦免を願ってくれるよう頼み込み、これを受けて二か寺から藩に赦免の嘆願がなされている。これまで丹蔵・平蔵と対立していた村役人も、村の和を取り戻すために嘆願に加わったのである。この嘆願は認められて、丹蔵らは赦免された。丹蔵・平蔵が最終的に藩の判決を受け入れたことで、藩の御威光は保たれた。加えて、寺院からの嘆願もあったため、藩は二人を自由の身としたのである。

同月、二人は、以後は藩の掟を大切に守り、訴訟や嘆願などはしない旨を、藩に誓約している。こうして、慈悲深く正しい政治を行なう領主と、それに素直に従う実直な百姓という、あるべき武士と百姓の関係が一応回復したのである。

最後に残ったのは、多額の訴訟費用を誰がどれだけ負担するかという問題だった。これも村人たちにとっては切実な問題で、負担方法をめぐって原告・被告双方の間で揉めたが、近隣村の有力者が仲裁に入って、文政二年一二月には最終的に次のようにまとまった。

①判決では村持とされた大根子山を、村中相談のうえで売却し、代金を訴訟費用に充てる。

②丹蔵・平蔵派の一二人の者から、合わせて金四両を村に差し出す。

③細尾山は、村の百姓三〇軒で均等に分割する。

こうして、せっかく村全体の共有地になった大根子山は、すぐに売却されてしまったのである。ここから、訴訟が村人たちにとって、どれだけ大きな経済的負担となったかがわかる。

村人たちは、訴訟の過程で、たびたび松代城下に行かなければならなかった。泊りがけになることも、たびたびあった。その際にかかる旅費や宿泊費は、馬鹿にならなかった。

村人たちが松代城下で泊まった宿は、「町宿《まちやど》」と呼ばれていた。町宿は、訴訟や願い事などで松代にやってくる領内の百姓たちを泊めるとともに、百姓たちに代わって必要書類の作成や出廷の際の付添いなども行なった。町宿は、宿屋であるとともに、訴訟のプロでもあった。百姓たちは、町宿に助けられながら訴訟をたたかったのである。松代の町宿のような存在は、三都（江戸・京都・大坂）や各地の城下町にもあり、江戸では「公事宿《くじやど》」と呼ばれていた。

また、もう一か所村持となった細尾山は、村人たちが均等に分割した。山野が、共有の入会山から個々の家の持山へと分割されていくことは、江戸時代の少なからぬ村でみられた流れだった。入会山であれば、村人たちはその範囲内のどこにでも入って利用できる。その代わり、利用の仕方については村による規制下におかれる。それが個々の家の持山に分割されれば、個々の家は自家の持山の範囲内しか利用できないが、その範囲内では自由に利用形態を選択できる。肥料を得るために草地にしようと、木材生産のために森林にしようと、それは持主の自由にできるのである。そして、市場向けの木材生産がさかんになるにつれて、入会山を分割して、村人たちが自由に持山で育林できるようにする村が増えていった。仙仁村でも、村人たちの間で、山を自家の判断で自由に利用したいという意向が強まっていたため、山の分割が実現したのだろう。

個々の家の持山という点だけをとれば、丹蔵・平蔵の持山だったときと同じだが、所持者が村の全戸に拡大したという点では大きな変化だった。より村人全体の利益になるような、山の所持と利用が実現したのである。

また、この一連の争いがもつれる要因をつくった丹蔵・平蔵とその支持者が四両を差し出すことで、村人全員が一応納得し村の平和が回復した。

こうして、文政二年一二月に、この争いは最終的に解決したのだった。

第三章

東北の村の山争いは、江戸でも進行していた

幕末、出羽国——

山口村名主、幕府に決死の嘆願

1　出羽国村山郡山口村とはどんな村か

商品作物生産で自立する山口村の百姓たち

本章では、舞台を東北地方に移すとともに、訴訟のために江戸に出向いた名主の行動と思いを詳細に跡付けることを通じて、林野をめぐる村人たちの動向をさらに追いかけてみたい。取り上げるのは、出《で》羽国《わのくに》村山《むらやま》郡山口《やまぐち》村（現山形県天童市）である。同村は、一九世紀には幕府領だった。また、山争いは村を越えて江戸でも繰り広げられたため、江戸も本章の重要な舞台となる。

まず、山口村とはどういう村なのか、村の内部をのぞいてみることから始めよう（以下は、青木美智男氏の研究に依拠している）。同村は山形盆地の東南部、山よりの所にあり（図7、渡辺尚志著『百姓たちの幕末維新』文庫版44～45ページ）、全戸数が一七〇～二四〇戸という、かなり大きな村だった。山あいの村といってよい。慶応四年（一八六八）には、戸数二〇四戸、人口一四五六人だった。

寛保《かんぽう》二年（一七四二）の村高一九八八石余、耕地面積一四六町六反九畝、うち田五六町六反九畝余、畑八九町九反九畝余。これらの数値は、幕末までほぼ変わらない。寛政一一年（一七九九）の畑の作付け比は、紅花（赤色の染料の原料となる植物）三、煙

図 7　村山郡の地図

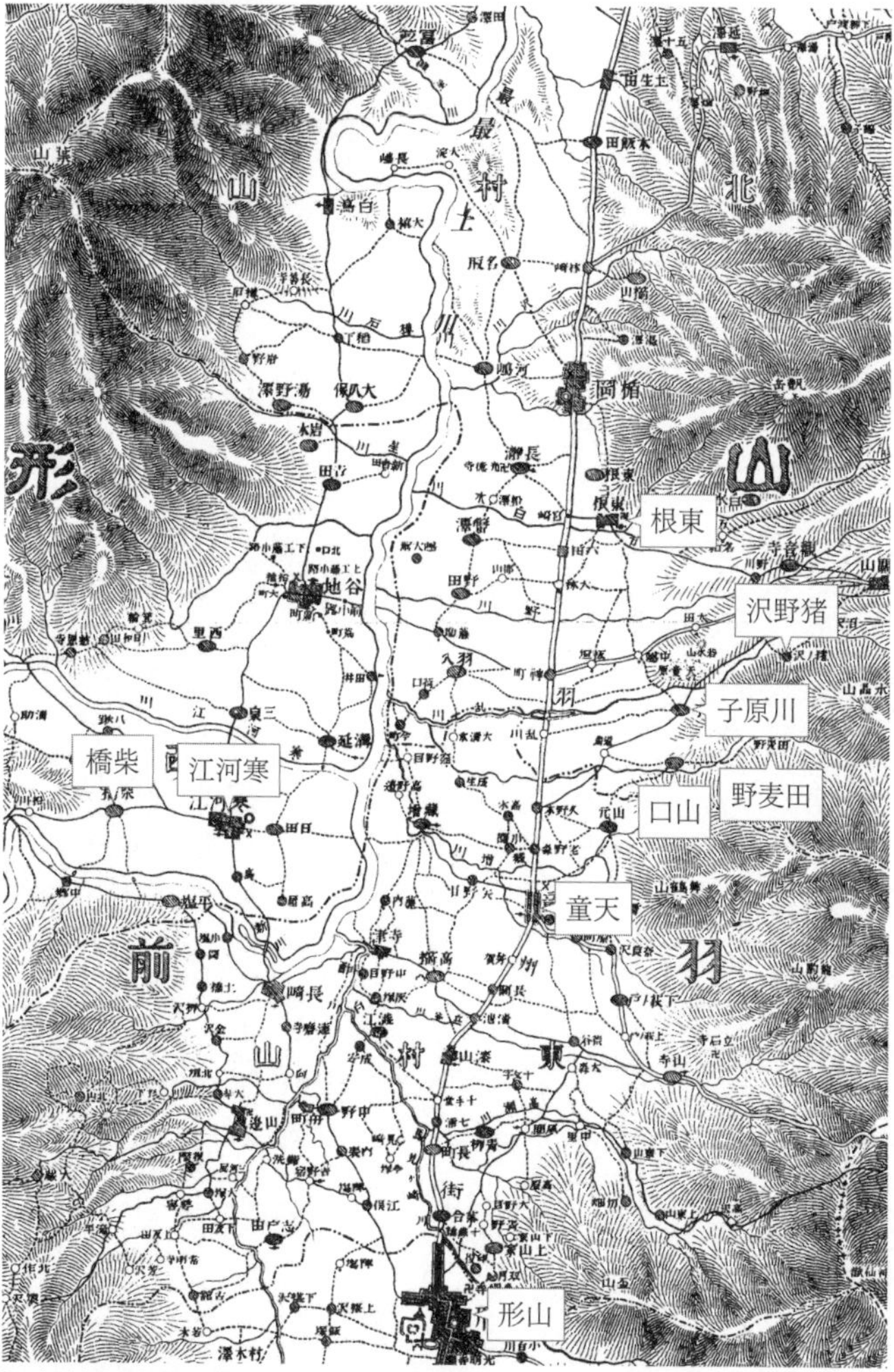

『日本歴史地名大系6 山形県の地名』「特別付録 山形県全図」(平凡社)を一部改変

草四、麦三となっていた。紅花と煙草が特産品だったのである。

村内は上組《かみぐみ》（上山口）・中組《なかぐみ》（中山口）・下組《しもぐみ》（下山口）の三つの集落に分かれ、それぞれに名主などの村役人が置かれていた。三つの集落は、山形盆地と東方の山間部との境のあたりに、西北（盆地側）から東南に向かって、下組・中組・上組の順に並んで存在していた。すなわち、下組が一番平地（盆地）に近く、上組が一番山寄りにあった。そのため、下組は比較的耕地が多く、逆に上組は山に囲まれて耕地が少ない分、山林資源への依存度が高かった。

表1（『百姓たちの幕末維新』文庫版55ページ）は、山口村の各戸が江戸時代後半の各時期において、どれくらいの土地を所有していたかを示したものである。この表からは、たとえば慶応二年（一八六六、翌慶応三年には幕府が倒れる）には、所有石高ゼロ、すなわち土地をまったく所有していない家が一三六戸あり、逆に二〇〇石以上という大規模な土地所有者が一戸あったということがわかる。幕末期の山口村では、村の各戸間に相当の経済的格差があった。幕末期の村は、「どんぐりの背比べ」状態ではなく、かなりの「格差社会」だったことがわかる。

表の一番下にある村の全戸数の変化を時代順にみていくと、寛政五年（一七九三）に一七二戸だったのが、約四〇年後の天保二年（一八三一）には二一三戸へと増加し、さらに慶応二年（一八六六）には二三五戸に増えている。幕末にかけて、顕著な戸数

表1　山口村の各戸の土地所有規模の変遷

持高(石)＼年代	寛政5 (1793)	文化10 (1813)	文政6 (1823)	天保2 (1831)	天保10 (1839)	安政2 (1855)	慶応2 (1866)
0	82	111	114	123	128	142	136
0.1 〜 1	4	5	3	6	6	5	5
1 〜 5	9	10	9	14	15	19	15
5 〜 10	7	10	11	15	17	16	19
10 〜 20	46	32	40	33	32	33	34
20 〜 30	20	17	12	13	13	11	13
30 〜 40	3	4	5	4	3	7	6
40 〜 50		5	3	3	3	3	4
50 〜 60			1			1	
60 〜 70		1		1	1	1	1
70 〜 80		1	1				
80 〜 90		1	1		1		
90 〜 100				1	1		
100 〜 200	1					2	1
200 〜							1
計（全戸数）	172	197	200	213	220	240	235

青木美智男『近世非領国地域の民衆運動と郡中議定』215ページの表7をもとに作成

の増加がみられるのである。

どの階層の戸数が増えたのかをみると、所有石高ゼロの家が、寛政五年の八二戸から天保二年の一二三戸、慶応二年の一三六戸へと顕著に増加している。ほかの各階層についても若干の増減はあるが、戸数の増加の主原因は土地を所有しない層の増加にあったことは明らかである。

この所有地ゼロの家々は、借地に家を建て、他人の土地を借りて（すなわち小作して）そこで紅花・煙草などの商品作物を栽培していた。商品作物はこうした家々に、地主に小作料を払ってもなお暮らしていけるだけの収入をもたらしたのである。

また、多くの成人した家族がいる家では、家族の誰かが、大規模な商品作物生産を行なっている農家に奉公人として雇われ、そこで得られた給金を家計の補助にすることもあった。そうしたかたちでも、商品作物生産は家々の経済的自立を助けていた。所有地ゼロの家々の暮らしはけっして楽ではなかったが、それでも自立した家族として生きていけるということは、彼らにとっては大きな前進だった。商品作物生産の展開が、そうした変化をもたらしたのである。

格差社会の拡大——地主と小作人

商品作物生産が村において引き起こした、もう一つの変化について述べよう。

寛政五年には、所有する土地の石高が六〇石以上ある地主は一戸だけだった。それが、慶応二年には三戸に増えている。二〇〇石以上所有する大地主も現れた。他方で、所有地ゼロの家々が増加していることは、先に述べたとおりである。

土地をもっとも多く所有する階層と所有地ゼロの階層が、ともに増えているのである。各家の経済力は必ずしも所有地の規模だけでは測れない。家族が奉公に出て給金を稼ぐ場合のように、土地所有とは関係のない家計収入もあるからだ。しかし、近代以降よりははるかに農業社会としての色彩が濃かった江戸時代においては、土地所有規模が各戸の経済力をかなりの程度反映していたことも事実である。

とすると、土地所有における最上層と最下層がともに増加しているという事実は、村内部における格差の拡大を意味しているといえるだろう。両者の中間の家々についても、個々の家をとってみれば、時代とともに所有地を増やして経済的に上昇する家もあれば、逆に没落する家もあり、一九世紀にはそうした村内各戸の経済的変動はかなり激しいものになっていた。

商品作物生産の拡大は、百姓たちの暮らしをますます貨幣経済に巻き込んでいった。そのなかで、貨幣経済の波に乗って成長する家もあれば、その波をうまくとらえられずに困窮していく家もあった。一九世紀には、村全体としてみた場合の生活水準の向上と、そのなかにおける格差の拡大とが同時進行していたのである。これは、山口村に限ったことではなく、村山地方、さらには全国的にも多くの村々において共通して起こっていた事態だった。

経営を多角化する百姓たち

百姓たちにとって、上昇のチャンスも豊富にあれば、没落の危機とも隣り合わせだったのが一九世紀という時代だった。可能性とリスクがともにあったのだ。そうしたなかで、中以下の百姓たちは、まず没落しないために懸命だった。

百姓たちは没落を防止するために、経営の多角化を推し進めた。農業においては、紅花栽培に乗り出しつつも、米・麦・豆などの穀物や野菜も栽培し続け、一つの作物が不作でもほかの作物でカバーできるような工夫をした。さらに、農業以外の職業も兼業することで、世帯の総収入の増加を目指した。たとえば、父母は農業に従事するが、息子は山形の町に出かけて日雇い仕事をし、娘は地主の家に住み込んで奉公人として働くといった具合である。息子や娘の賃金・給金も家計を支えたのである。

百姓世帯の生業としては、ほかにも大工などの職人仕事や、さまざまな商売、荷物運びなどの交通運輸労働といったように多様なものがあった。百姓たちは、家族の人数・年齢・性別などを勘案して、さまざまなかたちでとにかく働ける者は全員フル稼働することによって最大限の収入を得て、家計を安定させることに努めたのである。

この点を、山口村について具体的にみてみよう。表2（『百姓たちの幕末維新』文庫版61ページ）は青木美智男氏が作ったもので、明治六年（一八七三）の同村における、農業以外の生業の従事者（戸主のみ）を示したものである。あわせて、その人たちの農業との関わり方についても示している。ちなみに、戸主以外の家族についてはこの表には含まれていない。その人たちも視野に入れれば、農業以外の生業の従事者はもっと多くなるだろう。

表の中央部の「職種」欄に列挙されているのが、農業以外の生業である。表の右半

表2　明治6年山口村の農業外従事者(兼業を含む)の土地所有・農業経営の規模

農業経営の規模（石）													職種	土地所有の規模（石）													
														最下層			下層			中層					上層		
15〜20	10〜15	9〜10	8〜9	7〜8	6〜7	5〜6	4〜5	3〜4	2〜3	1〜2	0.1〜1	0		0	0.1〜1	1〜2	2〜3	3〜4	4〜5	5〜6	6〜7	7〜8	8〜9	9〜10	10〜15	15〜20	計
						1				1		1	商業一般	2											1		3
									1	1	1		穀物駄賃稼ぎ	2	1												3
										1			産物駄賃稼ぎ			1											1
			1									1	煙草刻み	1								1					2
					6	1		2	3	9	3	7	日雇い	28	1	1		1									31
1								1	1	1	3		雑業	6			1										7
												3	出稼ぎ	3													3
											1		大工	1													1
										2		1	土方	1	2												3
											1	1	屋根葺き	1	1												2
											?		下駄打ち	1													1
										1			綿打ち		1												1
											?		山稼ぎ	1													1
1										1		2	木挽き	2		1										1	4
											1		医者		1												1
			1							1	1		馬喰	1		1					1						3
2	0	0	2	0	6	2	0	3	5	18	11+?	16	計	50	7	4	1	1	0	0	1	1	0	0	1	1	67

青木美智男『近世非領国地域の民衆運動と郡中議定』217ページの表9をもとに作成

分は農業以外の生業の従事者がどれだけの土地を所有していたか、また表の左半分はその人たちがどれだけの規模の農業経営を行なっていたかを、それぞれ表示したものである。

　たとえば、「商業一般」に従事していた人は村に三人おり（表の右端の「計」欄の数値）、うち二人は所有地ゼロ、一人は一〇〜一五石規模の土地を所有していたということを示している。また、この三人のうち一人は経営規模もゼロ、すなわちまったく農業をしていなかったが、残る二人はそれぞれ一～二石、五～六石規模の農業経営を行なっていたこともわかる。他家に土地を貸したり、逆に他家から土地を借りて小作したりしている家々があったのである。このようにみていくと、表2からは次のことが読み取れる。

まず、村全体では六七人が農業以外の生業に従事していた。表1（165ページ）から、慶応二年（一八六六）の村の全戸数は二三五戸だとわかる。明治六年までの七年間で戸数はそれほど変化なかっただろうから、全戸の四分の一以上の家の戸主が農業以外の生業に携わっていたことになる。逆にみれば、全戸の四分の三弱の家では戸主が農業専業であり、家族全体としてみても農業を主体に経営を組み立てていたということだ。

職種をみると、商人のほかに、大工・屋根葺《ふ》き（藁や萱で民家の屋根を葺く職人）・木《こ》挽《び》き（製材職人）・下駄打ち（下駄作り職人）・綿打ち（綿の実から採った糸のかたまりを棒で打ってやわらかくし、糸を取りやすくする職人）・煙草刻み（収穫した煙草の葉を細かく刻む職人）などの職人がいる。医者もいれば、馬喰《ばくろう》（馬の売買をする人）もいる。村外へ出稼ぎに出ている人もいる。

一番多いのは日雇いで三一人おり、農業以外の生業従事者の半数近くを占めている。次に多いのは「雑業」の七人で、これは一つの定まった生業がなく、時によって日雇いその他さまざまな生業に就く人たちである。「穀物駄賃稼ぎ」や「産物駄賃稼ぎ」は、穀物や諸産物を、馬を使ったりして運ぶ運輸労働者である。土方《どかた》は土木工事の作業員で、山稼ぎは炭焼き・薪採りや木の伐り出しなどの山仕事をする人である。このように、山口村にはさまざまな生業を営む人びとがいたことがわかる。

次に、この人たちの所有地をみてみよう。所有地が二石以下を最下層、二〜五石を下層、五〜一〇石を中層、一〇石以上を上層と分けてみると、所有地ゼロの家が五〇戸と総数六七戸の大半を占めている。二石以下の最下層全体では六一戸となる。最下層の百姓たちが、所有地の少なさをカバーするために、多様な生業に進出していたのである。

今度は、経営規模をみてみよう。経営規模ゼロ、すなわちまったく農業をしていない家が一六戸ある。しかし、これは村の全戸数の七パーセント弱にとどまっている。すなわち、農業以外の生業に従事している家の大半は農業も兼営していたのだが、経営規模二石以下が四五戸以上と、零細な経営規模の家がほとんどだった。農業だけでは食べていけないので、多様な生業に従事したわけである。

それでも、明治に入っても、村の家の大半が、たとえ所有地はなくとも、小作地を借りて農業を続けていたことは重要である。農業を捨てて、完全にほかの生業に転職した家はごく少数だった。

2 山口村の「上組」と「中・下組」、激突

山口村最大の地主、伊藤家

山口村は、上・中・下の三組に分かれ、それぞれに名主などの村役人が置かれていた。一八世紀後半以降、中組の名主を務めたのが伊藤家である。

同家の所有地の石高は、安政二年（一八五五）一七一・五七八四石（＝一七一石五斗七升八合四勺）、慶応二年（一八六六）二二二・四三二八石、明治六年（一八七三）三二五・七〇二石だった。所有地面積は、明治八年に、村内四〇町八反余、村外八町九反余、合計四九町七反余、明治四二年に、村内三三町七反余、村外一二町一反余、合計四五町八反余、ほかに山林六町一反余だった。山口村最大の地主が、この伊藤家だったのである。伊藤家の小作人は、明治一一年に、村内一二七人、村外四四人、計一七一人いた。また、同家は米商人であり、金融業も営んでいた。

伊藤家は所有地の過半を小作人に貸していたが、一部は家族や奉公人の手で自作していた。自作地の石高は嘉永《かえい》元年（一八四八）には二三・五六〇石、慶応二年（一八六六）には二三・七八〇石、明治三年（一八七〇）には五七・八七〇石であり、村内で最大規模の農業生産者だった。自作地では、明治五年には、米・大麦・大豆・紅

花・桑・楮《こうぞ》・漆・煙草を栽培していた。

幕末期には一年季（雇用期間一年）・半年季の奉公人や日雇い（彼らの大部分は伊藤家の小作人でもあった）を使って紅花の花摘みを行ない、村山郡内の商人に販売していた。その後、明治一〇年頃から、紅花・楮に代わって、桑（養蚕）・茶などに作付け作物の種類を転換している。輸入染料に押されて紅花の需要が減少し、代わって生糸や茶が輸出品として重要になったからである。

以下、本章の主人公になるのが、一九世紀の伊藤家当主伊藤義左衛門《ぎざえもん》元善（義陳）（一八一四〜一八八三）である。彼は天保《てんぽう》一四年（一八四三）に家督を相続し、山口村中組の名主となった。これから述べる訴訟の過程で江戸に出た際には、儒学者東条一堂《とうじょういちどう》（一七七八〜一八五七）に入門し、一時は一堂の塾に住み込んで学んでおり、村の知識人でもあった。

耕地に乏しい上組が山利用を活発化

前章でみた仙仁村の山争いは、当初松代藩領の村々対幕府領の村々という対立構図で始まり、それが仙仁村内部の対立に移行していった。それに対して、これから述べる山口村の山争いは、一貫して村内部における上組と中・下組の争いだった。

山口村の周辺には広大な幕府の御林《おはやし》（幕府の所有する林野）が存在したが（図8参照）、

御林であっても百姓の利用は認められており、村人たちはそこで肥料用の草や木の枝を採取したりしていた。ここでも、御林は村人たちと領主（幕府）との共益の場だった。山あいの山口村の百姓たちにとっては、林野からの収穫物は生活維持のためにたいへん大きな意味をもっていた。

御林の中は上・中・下各組の持ち分に分かれており、御林のうち「隔間山《かくまやま》」（間隔を空けて利用する山、の意であろう）と呼ばれる部分（図8参照）では、各組はそれぞれ隔間山のうち四か所ずつの山を自己の持ち分とし、各組とも毎年そのうちの一か所を順繰りに利用していた。すなわち、隔間山では上・中・下各組の持ち分の山が四か所ずつ定められ、各組とも四か所の山を一か所ずつ四年に一度利用していたわけである。そして、一度利用したら、あと三年は利用をやめて、その間は植生の回復を待ったのである。

こうした御林利用の代償として、毎年村から幕府に小物成《こものなり》（山野の利用税）を納めていたが、享和《きょうわ》元年（一八〇一）以降、小物成の負担基準が「高割《たかわり》」から「軒別割《のきべつわり》」に変更された。高割とは、村人たちが所有する耕地の石高に応じた負担、軒別割とは各戸均等の負担である。高割の場合は、村人のなかでも耕地を所有しない水呑層《みずのみ》は小物成を負担する必要はないが、代わりに山野を利用する権利もなかった。それが軒別割になることによって、小物成の負担と引き換えに、水呑層も山野を利用できるよう

図8　山口村地内の山林略図

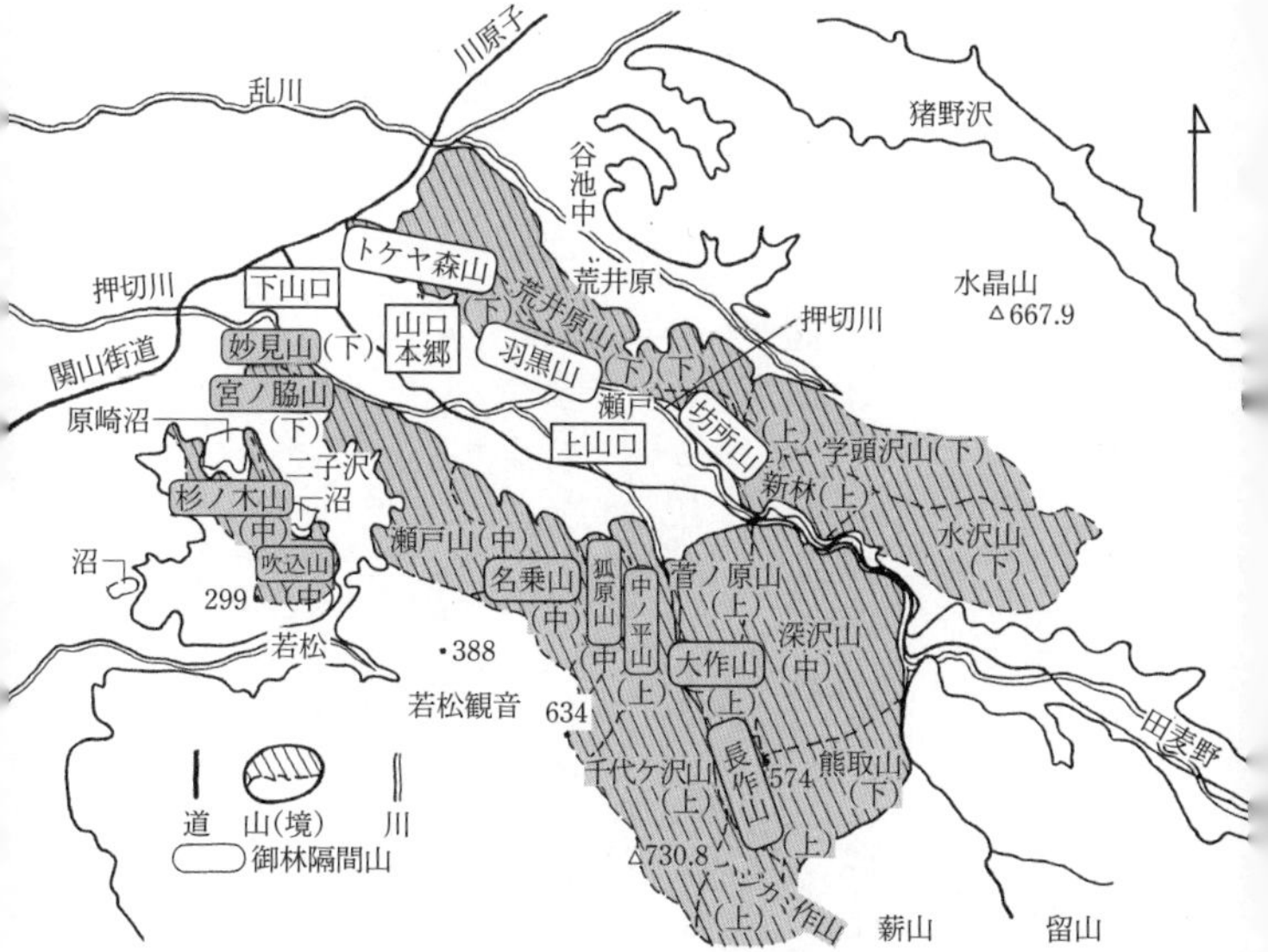

図の網かけ部分の大部分が御林であり、そのうち山名を丸で囲んだ山々の総体が隔間山である。山名の隣に(上)(中)(下)とあるのは、そこがそれぞれ上・中・下各組の持ち分であることを示す。各組とも、隔間山のうち4か所ずつの山を持ち分としている。図中の上山口は上組の、山口本郷は中組の、下山口は下組の、それぞれ集落の位置を表している。上組集落の南方(下方)に上組が開発を出願した狐原山が、網掛け部分の東端(右端)に第四章で争点となる水沢山が存在する。

*図は、高木正敏「羽州村山地方における入会慣行と山論」75ページの図をもとに作成

になったのである。

一方で、一九世紀には、御林のなかにおける組ごとの持ち分の範囲が不明確になっていった。そうしたなかで、より山に近く、かつ農業生産条件に恵まれなかった上組の百姓、とりわけ下層の百姓が、耕地開発など山野への侵出を積極化させるようになった。江戸時代後期に商品生産が発展するなかで、中・下両組の百姓が紅花など畑作物の商品生産に向かったのに対して、上組では山に近かったがゆえに山利用を活発化させたのである。

御林以外の入会山では炭焼きも行なわれた。炭焼きを行なっている戸数は、山口村全体では、文化四年(一八〇七)七戸、文化一二年一八戸、天保八年(一八三七)四〇戸、弘化《こうか》元年(一八四四)五六戸と増加傾向にあった。そのなかで、天保三年(一八三二)三七戸、天保四年一九戸だったのが、天保五年に一挙に一〇三戸と一時的に急増しているのは、天保の飢饉の影響によるものである。炭の販売代金で食料を購入することによって、飢饉を乗り切ろうとしたのである。林野は、百姓たちの生命維持のための拠り所だった。

炭焼き戸数を組ごとにみると、文化一二年(一八一五)には上組九戸、中組四戸、下組五戸だったのが、天保八年(一八三七)には上組二七戸、中組五戸、下組八戸と、上組の増加ぶりが目立っている。明治四年(一八七一)の製炭量は、上組三六四五貫

（一貫は約三・七五キログラム）、中組一八七二貫、下組一一三〇〇貫、合計六八一七貫だった。

炭焼窯の数は村全体で二六、それを上組四、中・下両組六の割合で利用することになっており、炭を焼いていい期間は一〇月三日から翌年三月二日までと定められていた。村人たちは、農閑期を利用して炭焼きを行なったのである。そして、村でこうした取り決めをすることによって、樹木の乱伐を防止していた。

ところが、炭焼きを行なう百姓の増加につれて、こうした村のルールが守られなくなり、特に上組の百姓が過剰な伐採を行なったりするケースが頻繁にみられるようになってきた。

上組と中・下組の山争いの一部始終

上組が山野への侵出を活発化させるなかで、一九世紀半ばに、上組と中・下両組との間で御林をめぐる争いが起こった。

弘化三年（一八四六）八月、上組の百姓が、幕府代官石井勝之進《かつのしん》が農作物の作柄検査のため来村した際に、御林のなかでも上山口の集落に近い狐原山《きつねばら》（狐原山は隔間山の一部、175ページ図8参照）に耕地を開発したい旨を訴えた。しかし、中・下両組はこれに反対した。これが、争いの始まりである。争いは村内では解決せず、幕府の東根《ひがしね》代官所における吟味となった。

上組の百姓たちは、当該地は三組共同の入会地だと主張した。三組共同の入会地だから、上組にも開発権があるというわけである。これに対して、中・下両組は、そこは中組単独の入会地だと反論した。そこに権利をもつのは中組だけであり、上組には係争地に関与する権利はないというのである。前述のように、御林のなかは組ごとの持ち分に分かれていたから、この点では中・下両組の主張のほうに理があった。

そして、中・下両組は、御林内における各組の持ち分範囲を厳格に守るとともに、従来三組が入会利用してきた留山《とめやま》・薪山《まきやま》と呼ばれる山野（留山・薪山は御林ではなく村持山である。位置については175ページ図8参照。くわしくは第四章で述べる）についても各組の持ち分（組ごとの領域）を定めることや（それまでは、留山・薪山については各組ごとの領域は決まっていなかった）、炭焼窯の利用についても各組ごとに定められた上限を厳格に守ることを主張している。

村持山も含めた山野の全体を三組それぞれの占有箇所に完全分割することによって、上組百姓の山野利用を限定しようというのである。中・下両組は、そうすることが森林の乱伐と、それによる用水源の枯渇を防ぐことになると主張している。

この争いでは、山野への依存度の高い上組が、各組ごとの持ち分の範囲を越えてでも、山野の利用を拡大しようとするのに対して、中・下両組は、各組の持ち分範囲を明確化して、上組の侵出を防ごうとしている。中・下両組は、上組ほど山野への依存度が高くはないものの、両組にとっても山野は不可欠であり、持ち分範囲の明確化によって上組の侵出に歯止めをかけたいのである。

この争いは東根代官所において吟味されたが（この間に、代官は石井勝之進から戸田嘉十郎《かじゅうろう》に交代）、嘉永三年（一八五〇）に至って、代官は独自に判断することは困難だとして、江戸の勘定奉行所に吟味を委ねた。幕府の中枢に下駄を預けたのである。

江戸での吟味ということになったため、嘉永四年に上組名主阿部吉郎兵衛《きちろべえ》、中・下両組兼帯名主伊藤義左衛門がそれぞれ江戸に出府した。義左衛門は、かねて馴染みの公事宿《くじやど》池田屋利右衛門《りえもん》方に宿泊した。

奉行所では帳面・絵図面などの書類審査が開始されたが、奉行所が直接判決を下すのではなく、扱人《あつかいにん》（仲裁者）が入っての内済《ないさい》（和解・示談）を強く求められた。

争点のうちのいくつかについては、嘉永七年四月の「熟談議定書《じゅくだんぎじょうしょ》」（よく話し合ったうえでの取り決め書）によって一応の解決をみた。当事者双方と扱人の自主的な話し合いによる解決となったのである。

議定書では、①留山・薪山は、従来通り三組の入会とする（すなわち、組ごとの領域に区分して各組の持ち分を定めるようなことはしない）、②炭焼窯の数については、従来通り全体で二六とし、それを上組四、中・下両組六の割合で使用する、③山野の境界を明確化する、などの点が定められた。

①、②は従来のあり方を再確認したものであり、③は各組の間で共通理解のなかった山境をはっきりさせたものである。ここで、御林内部の山々の境界や、御林と薪山の境界が確認されたのである。また、争いの発端となった、上組による狐原の耕地開発は認められなかったもようである。

しかし、御林内を各組の持ち分に分けて利用することに関しては内済が成立せず、幕府の明確な判断も示されないまま、安政四年(一八五七)一月に上組名主阿部吉郎兵衛が病死し、上組の惣代(代表)は吉郎兵衛の子で名主見習いの数三郎に引き継がれた。

その後もなかなか示談が成立しなかったため、とうとう安政四年一〇月八日に、幕府は裁許を下した。その内容は、訴訟方(原告の中・下両組)の主張通り、二二か所の御林などについて、上組八か所、中組六か所、下組八か所に分けて、それぞれ一組限りで利用・管理すべし、というものであった。従来の組ごとの分割利用慣行を追認したわけである。翌安政五年五月に、上組と中・下両組の双方から寒河江《さがえ》代官所(代官松永善之助)に請書《うけしょ》(判決内容の受諾書)が提出されて、ようやく一件は終結をみた。これが、当地における幕末の山争いの一部始終である。

3　名主・伊藤義左衛門の書状

義左衛門の書状ファイリング術

以下、原告である中・下両組の物代となった中・下両組兼帯名主伊藤義左衛門の江戸での行動に焦点を合わせてみていこう。

この訴訟が江戸の勘定奉行所で審理されたため、原告・被告双方の物代は何度も江戸に呼び出され、そのたびに長期間滞在しなければならなかった。その間、江戸の義左衛門と山口村にいる弟たちとは、頻繁に状況報告の書状（手紙）をやり取りしている。そこで、義左衛門の書状を読み解くことで、彼が江戸で裁判をたたかうなかで、何を考え、どのように行動したかを明らかにしていきたい（書状は現代語訳する）。

まずは、書状の残り方から話を始めよう。江戸・山口村間の書状は、一〇日前後で相手方に届いていた。江戸からの送付には島屋という専門の飛脚屋を使うことが多かったが、江戸に来ていた山口村やその近辺の村人がちょうど帰村するようなときには、彼に書状を託すこともあった。嘉永四年（一八五一）六月一六日に出した書状は、江戸から秋田に戻る秋田藩士に頼んで天童まで届けてもらっている。時には、武士が百姓の手紙の運び役になることもあったのである。

今日に伝わる義左衛門の書状は、一通一通がバラバラに残っているのではない。複数の書状が、重ねて一綴りにされているのである。では、いつ、誰がそうしたのか。その答えも、書状のなかにある。

嘉永四年五月二一日、義左衛門は山口村にいる弟の儀十郎《ぎじゅうろう》らに対して、今後自分宛の書状は半紙に認《したた》めて送ってくれるよう依頼している。半紙とは現在もわれわれが書道で使うあの半紙であり、江戸時代にももちろん使われていた。

当時は半紙より一回り大きいサイズの紙（美濃紙《みのがみ》）も使われていたが、義左衛門は書状の用紙は半紙に限ると言っている。用紙サイズを指定しているわけだ。では、なぜそんなことをするのか。

義左衛門は、もらった書状がある程度の量になったら、それらを一括して綴じて保存するので、そのためには毎回もらう書状がすべて同一規格の半紙サイズであるほうが都合がよいのだと説明している。

実際、彼は儀十郎らから届いた書状を、文字の書かれた面を表にして二つ折りにし（半紙を横長に置いて縦に二つ折りするのであり、ちょうど本の紙一枚分〔表裏二頁分〕のような形になる）、それを受け取った月日順に重ねていき、区切りのいいところでそれらをひとまとめに綴じて、袋綴じの本のような形態で保存している。それが、今日にもそのままの形で伝わっているのである。

一方、義左衛門自身も儀十郎宛の書状はすべて半紙に認めており、受け取った儀十郎も同様にそれらを順番にまとめて一綴りにして保管していた。遠く離れた兄弟が、同じやり方でお互いの書状を保存・管理していたのである。これならば、書状が紛失することはなく、また月日順に綴じられているため、あとから簡単に必要な書状を探し出すことができる。

現在でも、ファイリングの便を考慮して、文書のサイズをＡ４判に統一している官公庁や企業が多いが、義左衛門が早くも江戸時代に同様の発想をもっていたというのはたいへん興味深い。

江戸と国許との多様な文物交流

義左衛門は、江戸で毎日訴訟に明け暮れていたわけではない。そもそも審理は連日行なわれたのではなく、長期の中断期間があることも普通だった。訴訟で江戸に出た百姓のなかには、そうした時間に余裕のあるとき、江戸の名所めぐりや芝居見物を楽しむ者も多かった。しかし、義左衛門はそうした遊楽に金を使うことをよしとしなかったため、物見遊山はほとんどしていない。それには、彼の懐具合が寂しかったこともある。嘉永四年六月二二日には、当時評判だった深川の料理屋「ひら（平）清《せい》」で食事をし、なるほど評判通りだと喜んでいるが、こうした贅沢は数えるほどしかない。

その代わり、山口村では手に入らないさまざまな品物を入手しては国許《くにもと》の家族に送っていた。それは、布地や衣服、装身具（鼈甲《べっこう》の櫛など）のこともあれば、書籍のこともあった。山口村の近隣の大町に住む叔父にメガネを送るなど、親戚・知人・村人たちにも送っていた。

嘉永四年七月七日の書状では、練馬《ねりま》大根《だいこん》の種を送るので、試しに蒔いてみるよう勧めている。江戸時代には庶民の旅がさかんになったが、旅の途次に各地の農業のありさまを実見し、優良品種の種を入手して帰り、居村で試作することが広く行なわれていた。旅を利用して、農業技術の交流と農業生産の向上が図られたのである。百姓の旅は娯楽と実益を兼ねたものであり、百姓は旅の合間も農業のことを忘れてはいなかった。

嘉永六年六月は、アメリカ東インド艦隊司令長官ペリーが四隻の黒船を率いて浦賀に来航し、日本が開国に向けて大きく動き出した時期であるが、義左衛門は早速六月一三日には、書状に添えて「異国船の風説書《ふうぜつがき》」（外国船の情報を記した書物）一冊を山口村に送っている。ペリー来航の情報は、「風説書」というかたちですぐに江戸市中に流布し、それを入手した者が地元に送るというルートで急速に全国各地に広まっていった。

義左衛門は、七月八日の書状では、「異国の王（アメリカ合衆国大統領）からの書簡を日本語訳したものが手に入りしだい、写し取って送ります」と述べている。もちろん、幕府がそれを一般に公表したわけではない。それでも、合衆国大統領から将軍宛の国書という国家の最高機密情報さえ、庶民には入手可能だったのである。幕末の民間社会における情報流通の質と量、そして速度にはわれわれの想像以上のものがあった。

安政二年（一八五五）一月五日の書状では、前年の嘉永七年（一一月に安政元年と改元）にアメリカの圧力に屈して開国した幕府の姿勢に関して、「アメリカと戦争になることはないだろうが、何につけても国威が衰えており、貴賤の患《うれ》いはこの事にあります」と述べている。民衆の間で、幕府に対する信頼感が揺らぎ始めていたのである。

ところで、義左衛門は江戸で得た品物や情報を国許に送っていただけではない。嘉永四年六月二〇日の書状では、新庄（現山形県新庄市）産の織物（保多織《ほたおり》・菱織《ひしおり》）が江戸で流行しており、ほしいという人が多いので、地元で入手して送ってほしいと述べている。義左衛門が江戸で売って、利益を江戸滞在費用の一助にしようというのであろう。このように、義左衛門の出府というヒトの移動は、双方向のモノの移動をもたらしたのである。

江戸は、最先端の国家的情報や国許にはない文物の入手地であり、それは作物の種のような農業方面にまで及んでいた。こうして、江戸から地方へさまざまな文化が普及していく。それと同時に、国許から江戸への物の流れもあり、地方はただ江戸文化を受容するだけの受身の存在ではなかった。そして、江戸滞在中の義左衛門が、江戸と国許の仲介役として重要な役割を果たしていたのである。

身命を賭して村のためにたたかう

嘉永四年六月二〇日の書状では、儀十郎と新蔵《しんぞう》の二人の弟に対して、今回の訴訟に関して、「天地報国の忠を励み、非道（相手方のこと）を討つには謀計を用いることもやむを得ません。ただただ民の塗炭《とたん》の苦しみを救うために実義の取り計らいをしてくださ い」と述べている。われわれからすれば、村内の争いに勝つことが「天地報国の忠」になるというのはいささか大げさな気がするが、当事者たちにとってはそれくらいの大事件だったのであろう。

別の書状で、義左衛門は、この裁判は「村方の大事であり、武家ならば一生一代の合戦にも相当する事態」だとも述べている（嘉永六年一月二一日付）。また別の書状には、「村への忠義」（嘉永五年六月一一日付）、「家への忠功」（嘉永六年一月二一日付）といった表現もある。

一方、嘉永四年一二月二二日の書状には、「村方の人心を一致させるような取り計らいが肝要です。とりわけ、愚昧《ぐまい》・貧窮の一般百姓たちの扱い方は一段と難しいことでしょう。深くお察しします」とある。裁判が長引けば、一般の村人たちが、「義左衛門は長期間江戸に滞在しているにもかかわらず、裁判ではかばかしい成果をあげていない。何をやっているのだ。彼の滞在費はかさむ一方であり、ただでさえ豊かではないわれわれにとっては彼の滞在費は負担が重すぎる」といった不満を抱くことになろう。義左衛門の江戸滞在費は、中・下組の村人たちが負担していたからである。はかどらない裁判と、村にいて江戸の事情がわからない村人たちのいらだちとの狭間《はざま》に立って、義左衛門自身も焦燥感を募らせていった。

嘉永五年六月二一日の書状では、「村のために命を惜しむような心持ちでは、江戸に詰めて裁判をたたかうことはできません。死んだら本望だと覚悟は決めています」と述べたうえで、一般の村人たちの意向と村役人たちの考えとをそれぞれ区別して聞かせてほしいと望んでいる。一般百姓と村役人の間で意見の違いがあることを想定しているわけである。こうして村内の世論の動向を正確に把握したうえで、場合によっては相手方との妥協の可能性をも探ろうとしているのである。義左衛門は、自らが江戸で独走して、村人たちから孤立することを慎重に回避しようとしていた。

嘉永六年一〇月一一日の書状では、ともに裁判をたたかっている山口村下組について、「下組の者は皆愚昧で、物事のわきまえがある者は一人もいない」などと批判している。義左衛門は山口村の中組に居住して中組の名主を務めるとともに、下組の名主も兼帯していた。しかし、下組の百姓たちとの間で必ずしも十分な意思疎通がなされていたわけではなかった。同じ村内でも、集落が違うと意思疎通の難しいところがあったのである。そこも、義左衛門にとっては悩ましいところだった。

幕府の役人からの拷問にも耐える覚悟

嘉永四年六月二九日の書状には、知人から「白龍膏《はくりゅうこう》」という薬をもらったので、国許にも届ける旨が記されている。この「白龍膏」は、切り傷や打ち身などに効き目があるという。傷口を焼酎で洗い、口に含んで温めた焼酎で溶いた薬を傷口に塗り、その上を紙で押さえておくとよいと、薬の用法も記されている。それだけなら特筆するほどのことでもないのだが、書状にはさらに次のようにある。

「この薬は獄中の秘法妙薬で、ほかに類例のないものです。獄中でひどい拷問を受けて、皮や肉が打ち爛《ただ》れ、気絶してしまった者でも、この薬を二回用いれば平癒するということです。もっとも、獄中に限らず、どのような人が用いても神のような効き目があります。当時は、職人をはじめ、武家方においても、この薬を持っていない家はないということです」

すなわち、「白龍膏」は拷問に対する特効薬でもあったのである。何で、ここで拷問の話が出てくるのか。実は、江戸時代の裁判には拷問がしばしば用いられた。それは、江戸時代の裁判が、自白をきわめて重視していたからである。

刑事裁判においては、たとえ物的証拠があっても、自白がなければ有罪にはできなかった。逆に、自白さえあれば有罪にできた。その点、今日とは逆だった。だから、担当の役人は被疑者から自白を引き出すことに躍起になり、自白を得るためには拷問も辞さなかった。

当時の拷問には、両手を後ろ手に縛って上から宙吊りにする釣《つ》り責めや、笞《むち》で打つ笞打ち、角材を並べた上に座らせて膝の上に重しの石を抱かせる石抱きなどがあった。義左衛門の書状にあるように、拷問の存在は民衆にとっては周知の事実だったのである。

とはいえ、義左衛門の裁判は民事訴訟だから拷問とは関係ないと思われるかもしれないが、民事訴訟においても、担当役人の心証を害すれば、牢に入れられたり、場合によっては拷問を受けたりすることもあり得たのである。

訴訟の代表には、そうした事態をも予期した覚悟が求められたのであった。義左衛門は入牢を回避するために、病気と称して出廷しないこともあった。また、誰かが入牢せざるを得なくなった場合を想定して、出府している訴訟方（原告の中・下両組）のメンバーのうち誰が入牢するかをあらかじめ相談したりもしている（嘉永五年六月一一日付書状)。

名主が背負う、家と村に対する重責

嘉永四年七月一九日の書状では、弟たちに、「自分は、先祖と子孫への面目がかなうように働き、家名を立て、後代への申し訳にしたいという思いで、この裁判に奮発・丹精しています。お互いしばらくは艱難《かんなん》を辛抱し、めでたく裁判に勝った日に、今の苦労を昔話にすることを楽しみに、弟たちも励み務めてもらいたいと思います」と述べている。

義左衛門は、この裁判を村のためというだけではなく、自家のためのたたかいとも位置づけて奮闘を誓っているのである。彼は、裁判に勝たなければ先祖や子孫に対して面目が立たないと考え、何とか勝って家名を上げ、後代の子孫へも胸を張れるような功績を残したいという一念で裁判に邁進するのであった。

嘉永四年一一月二一日の書状でも、「自分が苦労するのは一向に構いませんが、後代の福分を引き揚げ、子孫の果報を失い、祖先の名跡《みょうせき》が薄らぐようなことにならないかと絶えず恐れおののいています」と述べている。また、安政二年(一八五五)三月六日の書状にも、「私自身にとっては一世一代の一件、負ければ祖先を辱め子孫の憂いになることとなので、愚慮《ぐりょ》いっぱい心配しています」とある。自分が裁判に負けたりすれば、子孫に悪影響を及ぼし、また先祖の功績に泥を塗ることになると考えて、心を痛めているのである。「家の面目」「家のために」という強い家意識が、義左衛門を支えていた。

嘉永五年一二月二九日の弟たち宛の書状には、裁判中は山稼ぎ（山野での薪炭生産などの生業）ができないという厳しい状況下で、「これは是非もないことなので、家付きの土地は別にして、それ以外の所有地を質入れするなどして金をつくり、それで村人たちの貧窮を救ってください。この件はとくとご賢慮くださり、お心いっぱいの取り計らいをしてください」とある。

安政二年六月一日には、当年も不作が懸念されるなかで、「村人たちが元気を奮い起こすようにお世話ください。繰り返しますが、蒙昧《もうまい》な百姓たちが気力を落とさないよう励ましてください」と述べている。

名主を務める伊藤家には、家産の維持と村人の救済との間でぎりぎりの判断が求められた。家の永続のために先祖代々伝わる所有地は維持したうえで、それ以外の土地を村人救済のために提供しようというのである。このように、名主には村のために私財の供出が求められたところが現代との違いである。

名主は今でいえば村長だが、現代の村長に住民救済のために私財をなげうつ義務はない。公私の分離を原則とする現代では、それが当然である。公的職務と私有財産とは、原理的に分離されている。しかし、江戸時代はそうではなかった。名主という公職にある者は、村人の生活を安定させるという公的責任を果たすためには、私財を提供するのもやむを得ない（提供して当然）という社会通念が存在したのである。その意味で、名主の地位は、現代の自治体首長とは質的に異なる重責をともなうものであった。

国許のわが子に本を送り後継者育成

嘉永四年七月一八日の書状では、弟たちに、「村役人というのは、まことに大事な職務です。不正行為がなくても、取り計らい方によっては村の興廃に関わってきます。粗略な行ないが大問題につながったりすれば、必ずそれが子孫に祟りとなって降りかかってくるものです。それにつけても、子どもたちの育て方がとても大切なので、わが家の子どもたちに対して教諭をもっぱらとして、よろしく世話してください」と述べている。

ここから、村役人のトップである名主の家としての責任感が窺えるが、自分のミスが自分一人の問題ではなく、子孫にまで悪影響を及ぼすと考えているところに、江戸時代人らしい考え方が表れている。村の問題と家の問題が密接に関連しており、さらに家の問題とは未来につながる問題なのである。

そこから、将来の家と村を担う子どもたちの教育が重要になってくる。とりわけ、将来の村役人候補である伊藤家の子どもたちの場合、通常の読み・書きに加えて、さらにそれ以上の素養が求められた。本来、それは義左衛門が直接教育すべきものである。しかし、彼は長期間江戸に滞在中で、それは不可能だ。そこで、彼は、江戸から儒学の基本文献などを子どもたちに送るとともに、弟たちに子どもたちの教導をくれぐれも依頼しているのである。

江戸時代の後半には、一般に百姓たちの子育て・教育への関心が高まり、各地に庶民教育機関としての寺子屋（手習塾）が多数生まれたが、義左衛門の書状からも子女教育への関心の高さが伝わってくる。ただし、江戸時代の教育では、子どもの将来のためということとともに、家と村のための後継者づくりという側面が重視された。そこに、職業選択の自由や移動の自由を前提とした現代教育との違いがある。

心労極まり駕籠訴をも考える

義左衛門は、滞在費がかさむことには、ほとほと困り果てていた。嘉永六年一二月には、宿屋への飯代の支払いにも窮している。少しでも経費を節約すべく、遊興費は基本的に支出していない。禁欲的な生活を、自らに課しているのである。

安政二年九月七日の書状には、「村方では自分が無用の散財をしているように思われ、また身代《しんだい》も思いのほか痛んでいるとのこと、肺腑《はいふ》のちぎれる思いです。これまで毎晩一合ずつ飲んでいた酒をやめてみましたが、どうも寝つきがよくありません。あれこれ思い悩んで一睡もできないこともたびたびありました。疲れ果てて我を忘れて寝入ることもありましたが、そういうときは悪夢にうなされます。これでは病気になってしまう、裁判中は大事な体なのだと思い直して、またこの頃は夜の飲酒を再開し、体調の維持を心掛けています」とある。義左衛門の心労は相当なものであった。

また、嘉永四年九月二一日の儀十郎らに宛てた書状では、「事態が進捗しなければ、御奉行に駕籠《かご》訴《そ》をしようかと思っています。担当役人が気長に裁判を行なうのには、まことにもって当惑し難儀しています。何事も時節を待つより外ありません。村人たちに対しても、くれぐれも辛抱強く待つよう言い聞かせてください」と述べている。

今日でも裁判のスピードアップが課題となっているが、江戸時代の裁判の進行は担当役人の胸先三寸というところがあり、義左衛門は裁判がはかばかしく進まないことに困惑している。訴訟の数が増えて、審理がはかどらないのである。義左衛門の裁判も、この後何年も続くことになる。

また、ここでいう「駕籠訴」とは、訴訟のため江戸に来た百姓の代表が、江戸城へ登城途中の幕府要人の駕籠先に飛び出して、「恐れながら」と訴状を差し出す行為である。担当役人を跳び越して、その上役に直接訴えようというわけだ。義左衛門は審理がはかどらないことに焦りを感じて、駕籠訴まで考えているのである（結局、実行は思いとどまったが）。

先述したように、駕籠訴は非合法の訴訟形態だったから、幕府は不受理を基本方針としていた。ただし、時には取り上げられる場合もあったので、駕籠訴によって訴訟の局面打開を図る百姓もいたのである。また、駕籠訴は非合法とはいえ、処罰はされないか、されても罰金刑などの軽いもので済んだから、江戸時代には駕籠訴はしばしば行なわれた。ここで紹介したのも、そうした駕籠訴（未遂）の事例である。

国許の弟たちとの共闘

嘉永四年八月二二日の書状では、村人たちに信心を篤くして勝訴を祈ってくれるよう求める一方で、弟たちに対しては「大事（重要事項）は他言無用」と述べている。集落ぐるみの訴訟であると考える一方で、重要情報の村内への拡散・漏洩《ろうえい》を恐れているのである。義左衛門にとって、最終的に信頼できるのは身内であった。弟たちが頼りだったのである。

一家の主（戸主）は一人だけであり、長男がなることが多かった。次男以下は、他家に養子に行ったり、分家したり、都市に出て町人になったりした。ずっと生家で暮らすこともあったが、その場合長男とは差別され、結婚もままならない「冷や飯食い」の境涯に置かれることが多かったとされる。

確かにそうした事例は多かったろうが、他方で長男にもしものことがあった場合の控えの戸主候補としての役割があったことも忘れてはならない。けっして、単なる「日陰者」ではなかったのであり、家に残った次三男にも固有の役割があった。

伊藤家の場合、兄の義左衛門が江戸で訴訟に専念できたのは、その間弟たちが山口村にあって名主の職務を代行し、家を切り盛りしてくれたからであった。弟たちとの役割分担と協力関係があってはじめて、義左衛門は後顧の憂いなく裁判を続けられたのである。ここにも、家にとっての次男以下の重要性が表れている。

江戸滞在中の代官に山稼ぎ再開を懇願

義左衛門は、江戸で勘定奉行所における公式の吟味を受けていただけではない。吟味の合間には、裏工作も怠らなかった。もっとも重要な働きかけの対象者の一人が、村山郡を管轄する幕府の代官であった。代官は江戸と、任地である村山郡の代官所(東根や寒河江に所在)とを往復していた。そして、代官の江戸滞在中には、義左衛門は直接面会したり、代官所役人を通じたりして、自らの主張を代官に伝え、代官から勘定奉行所に働きかけてもらうよう訴えていた。それは、相手方(被告側の山口村上組)も同様であったろう。

嘉永四年八月二八日の書状には、「山稼ぎの件を代官に訴えたところ、江戸城内で裁判の担当役人に、『山稼ぎができなければ、村方は日々衰微していく。これは代官の業務の支障にもなることである』と強面《こわもて》で談判してくださったとのことです。まことに、民の父母のような御仁愛です。村人たちにもこのことを深くわきまえるよう、くれぐれも伝えてください。これによって、近々吟味も有利に展開するでしょう」と記されている。

裁判の間は、係争地たる山野については原告・被告双方とも立ち入りが禁止されていた。係争地の権利関係が確定するまで、そこの利用は控えようということである。しかし、薪生産などの山稼ぎによって暮らしを成り立たせていた村人たちにとって、係争地への入山禁止は死活問題であった。そこで、義左衛門は、代官に入山禁止の解除を裁判担当役人に働きかけてくれるよう求め、代官はそれを実行してくれたわけである。

ここには、百姓と代官との意外な関係が示されている。百姓にとって代官は口もきけない雲の上の存在ではなく、時には自分たちの要求を代弁してくれる味方にもなったのである。考えてみれば、百姓たちが安穏に暮らし、村々が平和に治まっていれば、それは代官にとっても好都合であり、自らの治績にもなった。そこで、代官側も村々の要求を聞き、時にはそれを代弁した。代官と村々は年貢率などをめぐって鋭く対立することもあれば、共通の利害関係に立って協力することもあったのである。なかには、村人たちから死後神に祀られた代官もいたほどである。

もっとも、代官と裁判担当役人との面談の様子は、代官側から伝えられただけで、実際この通りのやり取りがなされたかどうか、本当のところはわからない。実際、このあとも事態が急に好転したわけではなかった。しかし、仮に実際のやり取りが若干異なっていたとしても、代官は義左衛門に対して、自分は義左衛門の要求を踏まえて行動したと伝えている点が重要である。たとえポーズにせよ、百姓のためを思って行動する代官像を示すことが、統治の安定にとっては不可欠だったのである。

実際、前述したように、代官の対応を聞いた義左衛門は感激し、早速この「父母のような御仁愛」を村人たちにも周知するよう書き送っている。こうした経緯を通じて、支配の安定が実現していくのである。裏を返せば、世論の支持を得られない代官は円滑な統治を実現し得ない時代になっていたといえる。江戸時代の後半は、武士が百姓を専制的に支配した時代などではなく、民意への配慮がますます不可欠となった時代だった。

嘉永四年九月一七日の夜に火事があり、江戸の代官屋敷も延焼した。義左衛門が駆け付けたときには、もはや全焼してしまっていた。義左衛門は、「もっとお屋敷の近くに宿泊していたら、それなりにお役に立てたでしょう。返す返すも残念至極です」

と記している。代官が百姓のために一肌脱げば、百姓も代官の非常時には駆けつけて奉仕したのである。

悲劇の百姓を題材にした歌舞伎に感動

嘉永五年一月一一日に、義左衛門は、佐倉惣五郎《さくらそうごろう》の物語を記した絵入りの冊子一〇冊を山口村に送っている。佐倉惣五郎とは江戸時代前期の下総国《しもうさのくに》佐倉藩領公津村《こうづ》（現千葉県成田市）の百姓で、百姓一揆の指導者とされた人物であるが、確実な事績はわかっていない。江戸時代後期に作られた物語では、領主の苛斂誅求《かれんちゅうきゅう》を将軍に直訴《じきそ》したため、妻子とともに処刑されたとされる。

義左衛門が江戸に滞在していた嘉永四年の夏に、江戸の中村座（歌舞伎の劇場）で佐倉惣五郎を主人公にした歌舞伎「東山桜荘子《ひがしやまさくらそうし》」が上演され、大当たりとなっていた。主演は市川小団次《こだんじ》で、惣五郎は百姓一揆の指導者のため実名をはばかって浅倉当吾《とうご》とされた。義左衛門が山口村に送った冊子は、挿絵と文章で舞台の様子を忠実に再現したものであった。義左衛門は舞台を見た感想を、次のように記している。

「当吾が百姓たちの思いをくみ取って嘆願する仕振《しぶ》りがよかったです。もっとも、上に立つ役人たちは全員悪人ばかりというわけではなく、善人で忠義の役人もいて、彼らは当吾を憐れみました。

しかし、愚昧な一般の百姓たちが辛抱できず癇癪《かんしゃく》紛れに騒ぎ立てたため、それが当吾の嘆願の妨げになり、忠義の士も当吾を救うことができませんでした。これはなかなか胸に迫り、平常心で見物することができませんでした。やっとのことで中入り（途中休憩）までは見物しましたが、もはや我慢できずに途中で退出しました。

この話は、今山口村の村人たちが苦しんでいる姿によく似ているため、思わず冊子も買ってしまいました。お暇な折にお読みください。女性たちを教え導く素材にもお使いください」

義左衛門は、自らの置かれた状況を惣五郎にダブらせて、胸を詰まらせている。惣五郎の生涯は、村人たちの突き上げと、はかどらない審理との板挟みに遭って苦慮する義左衛門にとって、胸に迫るものがあったのであろう。

また、惣五郎の冊子が女性教育の教材にされているのも興味深い。義左衛門は、女性の家族も名主の家の特別な責任について知っておくべきだと考えたのではなかろうか。こうして、江戸の流行は地方に伝播していく。ただし、江戸の町人が純粋な娯楽として楽しむのとは違って、義左衛門には惣五郎の直訴は他人事ではなく、最後まで芝居を見ていられないほどのリアルな衝撃を与えたのである。

強硬に示談を迫る幕府役人に決死の抗弁

嘉永五年三月二七日の書状には、次のように記されていた。

「このたび、裁判の担当者が屋代増之助《やしろますのすけ》様に交替になりました。屋代様は、『御林など多くの山野に関しては、従来上・中・下の三組で区域を分割して利用してきたという義左衛門の主張はわかった。しかし、これは村内の問題なので、勘定奉行所が当否を判断する性格のものではない。よって、当事者同士で示談せよ』とおっしゃいます。しかし、双方の話し合いは物別れに終わりました。

三月一八日に、屋代様は私に、『相手方の主張の線で示談せよ。奉行所としては、組ごとの区分は認めない。奉行所で判決を下すとなると、すべての山野が三組の共同利用という結果になろう。そうなれば、その方の願いの趣旨は丸潰れになる。だから、早々に示談せよ』とおっしゃいました。

それでも、私は承服せず、一所懸命に抗弁しました。すると、屋代様は、『お前は、御奉行所に勝つつもりか。また、幕府の法を破るつもりか。はなはだけしからぬ考えの者ゆえ、お前を殺してしまわねば、村は治まるまい。厳重に対処するので、どうなっても御奉行所を恨むな』などと、取り付く島のないような悪口をおっしゃいました。私はなおも抗弁しましたが、公事宿の者や付き添いの者に宥《なだ》められました。

よく考えてみると、牢に入るとなると支度が必要だし、後々の取り計らい方も連れの者に託さなければならないので、二一日までの回答猶予を願って退出しました。

しかし、ここで譲歩しては村人たちの家業の相続に差支えることははっきりしているので、このうえどのような憂き目に遭おうとも承服はできないと覚悟を決めました。私の一命を捨てなければ、主張を貫くことはできないでしょう。一命のある限りは、村方の安泰のために主張を続けるつもりです。

ついては、村人たちの代表として、一命をなげうつ心得のある者を江戸に派遣してください。もっとも、江戸には味方もいるので、あまり恐れる必要はありません。いさぎよく出府してください。万一、私の身の上に何か起こったならば、主立《おもだ》つ皆様で儀十郎を盛り立ててください」

前述したように、中・下組（義左衛門が代表）は、御林については、従来から上・中・下の三組がそれぞれ自組の領域を定めて独占的に利用してきたと主張している。上組の者が中・下組の領域を利用することはできないという主張である。これに対して、上組は、御林には組ごとの領域は存在せず、したがって上組の者は御林のどの場所にも自由に入って利用できるはずだと主張する（この主張は正しくないのだが）。山林資源への依存度が高い上組としては、利用可能な山野の範囲をできるだけ拡大したいのである。そして、屋代増之助は、上組の主張を認めて示談にせよと、義左衛門に迫ったのである。義左衛門が承知できるはずがなかった。

義左衛門の書状からは、江戸時代の裁判は、それがたとえ民事訴訟であっても命がけだったことがわかる。担当役人の吟味は、担当者の個性にもよるが、時に入牢や拷問をちらつかせての高圧的なものだった。しかも、興味深いのは、問答無用で自らの下す判決を押し付けるのではなく、高圧的に示談を強制している点である。

幕府の基本方針は、村のことは村内部で解決させるというものだった。高飛車な姿勢は、担当者の決めた判決内容を受け入れさせるためのものではなく、示談による解決を実現するためのものだった。高圧的でありながら、当事者同士の和解を求めているのである。あくまで幕府の裁許にこだわるならば、義左衛門側が敗訴するという可能性をもちらつかせて、何とか示談に持ち込もうとしている。示談・和解の最優先、そこに江戸時代の裁判の特徴があった。

訴訟の相手方、上組名主が入牢

屋代増之助の態度に入牢の不安を感じた義左衛門だったが、結局入牢はせずに済み、それどころか形勢は一気に逆転した。

嘉永五年五月一二日には、逆に相手方の上組名主阿部吉郎兵衛が入牢を命じられたのである。この日の吟味は午後二時頃から始まった。担当役人の屋代増之助は、吉郎兵衛に対して「山口村では、従来から組ごとに持ち分を定めて山野を利用してきたのだから、それを今さら変更しては村内が治まるまい。その方の主張は認めがたいので、組ごとの分割利用を前提に訴訟方（義左衛門側）と話し合うように」と説諭した。

このときは、屋代は、御林については、従来から上・中・下の三組がそれぞれ自組の領域を定めて利用してきたという中・下組の主張を支持している。この日、屋代は、三月一八日の義左衛門への説諭とは正反対の姿勢で、吉郎兵衛に譲歩を求めたのである。吉郎兵衛は、午後八時頃まで白洲《しらす》に留め置かれたが、山野はすべて三組の共同利用であるとの主張を変えなかった。そのため、「この不届き者が」ということで、同日午後九時頃入牢を命じられたのである。

義左衛門は屋代の態度の変化を喜びつつも、「御奉行所の吟味は手の平を返すごとく、あっちこっちと叩き散らすので油断できません。このうえ、またどのように変化するかわかりません。自分も今後入牢の可能性があると覚悟しておいてください」と気を引き締めている。

彼は、この事態の急転について、「母上はじめ村の皆が心を込めて信心してくれたおかげであり、神仏の御加護と御代官様の御慈悲によるものです。これまで以上に、信心に努めてください」と述べている。

義左衛門が言うように、屋代の態度急変の真意は測りがたいが、義左衛門が駄目なら吉郎兵衛に譲歩させて、とにかく何らかのかたちで内済（和解・示談）に持ち込もうとしたものであろうか。担当役人としては紛争が解決すること自体が重要で、和解の具体的内容にはあまりこだわらなかったのである。

なお、吉郎兵衛は六月三日に出牢となったが、彼は涼しくなったらまた入牢する覚悟で、出牢した後も牢内に見舞いの品を差し入れていた。もし再度の入牢となった際に、牢内での待遇を少しでもよくしてもらおうという作戦であろう。入牢にもへこたれない吉郎兵衛の強情さ、したたかさも見上げたものである。

国許での代官の応接法を弟たちに教示

義左衛門は、山口村の村運営を弟たちに任せていたとはいえ、重要事項に関しては江戸から書状で指示を伝えていた。嘉永五年八月一日の書状では、近く予定されている代官の廻村《かいそん》の際の応対方法について、次のように指示していた。代官は、毎年の作柄の検分などのため、年に何回か管轄下の村々を視察に回っていた。

「廻村の節は万端あい謹んで、神妙にお迎えすること。すべて去年伝えた手続きにのっとり、なお手厚く、かつ目立たず、実情がそのまま伝わるよう、よく考えてください。あらかじめ村役人のなかで担当者を決めておき、村人たちを指揮して、御代官様が百姓たちの様子を見て愁いを催すような態度を見せること。かつ、御代官様の恩徳を報謝し、御武運長久をお祈りする心情も顕《あらわ》れるようにすること。これらは前もって練り上げておく必要がありますが、それが狂言芝居ではもってのほかです。これらは、あくまで村人たちの実情を顕すための事前準備なのです」

同年八月一一日の書状でも、「幼い子どもが乳母《うば》を慕う様子が、自然と顕れるようにすること」と述べられている。

代官が哀れを催すような貧しい百姓たち。それでも、代官の恩徳に感謝し、武運長久を祈る従順で素朴な百姓たち。これらは、確かに実態の一面を表してはいたが、他方でそれは事前に周到に準備された、代官向けのパフォーマンスでもあった。

村役人を中心とする村人たちは、そうした態度を示すことが、のちのち自分たちに有利にはたらくことを期待して、したたかに行動した。それが芝居だと思われないように、気も遣った。現代の私たちが抱きがちな悲惨な百姓のイメージは、当時の百姓たち自身が計算し演出してつくり出したという側面があったのである。

江戸のお白洲での緊迫の審理

嘉永六年一二月七日の書状には、一一月二六日の白洲での吟味の模様が詳細に記されている。担当役人や義左衛門の話しぶりまでわかるので、一部を抄録してみよう。

担当役人（留役《とめやく》）浅野弥一郎《やいちろう》　出羽国山口村一件の原告・被告一同まかり出たか。さて、その方どもの一件、追々担当役人が交代し、今度自分が掛りを仰せ付けられたによって、その旨心得ろ。この一件も、よほど年数がかかったな。

原告・被告一同　ええ。

浅野弥一郎　この一件も自分が掛りを仰せ付けられてから、なおざりにしていたわけではないが、今年の夏以来かれこれと幕府の行事が続いており、とくと糾明を遂げる日程的余裕がない。よって、まず当年は帰村し、来春はかねて申し付け置いた扱人（仲裁者）たちを連れてあらためて出府いたせ。その旨を心得て、承諾書を差し上げろ。

原告・被告一同　（困惑して沈黙）

浅野弥一郎　どうだ、どうだ。さて、出羽の者には口がないか。もっての外の不束者《ふつつかもの》だ。まず、義左衛門はいかが心得るぞ。存じよりがあらば、申し立てろ。さもなくば、承諾書を提出して引き取れ。

義左衛門　恐れながら、申し上げます。段々のご説諭、まことに恐れ入りまするが、さりながらかねて御嘆願申し上げております通り、当年は古来聞き伝えなきほどの大旱魃《かんばつ》にござりまして、とりわけ私どもの村方の儀は長々の一件（この裁判のこと）を抱え、ことに私の組下（中・下組のこと）は困窮にござりまするから、これまでも幾度かお耳に入れます通り、日々の燃料を他村から買い入れまして、ようやく取り続いておりました（係争地が入山禁止となっていたため、村人たちは燃料の薪をほかから購入しなければならなかった）。

ところが、当年の凶災にて一同窮迫し、村内の百姓同士の助け合いも出来兼ねまするほどになり果てまして、困窮の者は老人・子どもを引き連れて、皆他国に逃げ走ったり、または乞食《こじき》になり果てたりして、村方が立ち行かないようなありさまでござりまする。それゆえ、国許の村役人たちは、村の百姓の数を減らしては職務上済まないことと心得まして、御吟味中に村で独自に救済策を講じました。

（中略）

浅野弥一郎　山稼ぎができないので村方が立ち行かぬとの事は、代官よりも申し立てがあるによって、委細差し含んでおる。しかるを、同様の儀を幾度願うとも採用にはならぬぞ。

義左衛門　重ね重ねのご教諭、お慈悲のほどまことにありがとう存じます。左様ならば、帰村いたしまして村人たちの取り続きができまするよう工夫・勘弁したうえで、なおまたご慈悲のご沙汰を願いとう存じまする。

（後略）

お白洲でのやり取りは、おおよそこのようなものであった。速やかに審理を進めてほしい義左衛門らが、担当役人浅野弥一郎から帰村を命じられて（当然その間審理はストップする）当惑していると、浅野から厳しく叱責された。それでも、義左衛門は、大旱魃によって村人たちが離散している窮状を懸命に訴えて、裁判の早期終結を願っている。

また、義左衛門が、裁判中係争地での山稼ぎができない不便さを訴えたのに対して、浅野はその件は代官からも聞いていると述べている。代官は義左衛門たちの願いを受けて、実際に担当役人に掛け合っていた。しかし、担当役人には彼なりの立場と考えがあったため、審理はなかなか義左衛門たちの思うようには進まないのであった。

ここにみられるように、江戸時代の裁判では、裁く武士と裁かれる百姓との間に明確な上下関係があったが、それでも百姓たちは言葉や態度ではへりくだりつつも、勇を鼓して自己主張したのであり、場合によってはそのために入牢することも辞さなかった。

その後も内済は成立せず、幕府の明確な判断も示されないまま、安政四年（一八五七）一月に上組名主阿部吉郎兵衛が病死し、上組の惣代（代表）は吉郎兵衛の子で名主見習いの数三郎に引き継がれた。

そして、ついに安政四年一〇月八日に、幕府は裁許を下した。その内容は、訴訟方（原告の中・下両組）の主張通り、御林など二二か所の山野については、上組八か所、中組六か所、下組八か所に分けて、それぞれ一組限りで利用・管理すべし、というものであった。従来からの組ごとの分割利用慣行を追認したわけである。こうして、ようやく長かった山争いは終結をみた。

本章では、山争いの惣代となった伊藤義左衛門の江戸での行動に焦点を合わせた。そこから、義左衛門の苦労と工夫・奮闘の姿がみえてきた。また、訴訟の副産物として、江戸と国許、百姓と武士の間でさまざまなやり取りが行なわれたことも明らかになった。当事者の目から見た山争いとは、こうしたものだったのである。

第四章

明治維新で山争いはどう変わったか

山形県　山口村vs.田麦野村、二十数年の死闘

1　地租改正が山争いを変えた

山口村の隣村、田麦野村とは

第二、三章では、江戸時代における山野をめぐる争いの特徴について、具体的な事例をもとに述べてきた。そこから、山野の争いは、百姓だけの問題ではなく、大名にとっても所領の範囲の増減に関わる重大問題だったことや、訴訟の代表となった百姓にとっては命がけの大事件だったことなど、多くの興味深い事実がわかってきた。そのまとめは終章で行なうことにして、本章では、時代を明治に移して、近代の山争いがどのようなものだったのかをみていこう。

取り上げるのは、出羽国村山郡山口村と同郡田麦野《たむぎの》村（現山形県天童市）との山争いである。具体的な事例を通して、近代に入って山争いの様相はどう変化したか、また明治維新は山野の利用にいかなる変容をもたらしたのかといった点をみていきたい。

一方の当事者である山口村については、第三章で述べたとおりである。

相手方の田麦野村は、山口村の東南に隣接する山間の村（163ページ図7、175ページ図8参照）で、標高三四〇～四〇〇メートルの高地にある。明治二〇年（一八八七）の同村の耕地面積は、田三二町六反三畝三歩、畑四三町六反二畝二二歩、計七六町二反五畝二七歩。明治一一年には、戸数七〇戸、人口四二〇人だった。畑では、煙草が栽培されていた。

田麦野村では、一八世紀中頃から炭焼きがさかんになってきた。焼いた炭は近くの町場である天童に運ばれ、天童炭と呼ばれて、ブランド品として山形城下町や近隣諸村に販売された。炭焼きの活発化にともなって、山野の重要性がますます高まっていたのである。この点は、山口村上組の動向と共通している。また、薪も天童まで運んで売却された。

第三章でみたように、幕末期の山口村は、村内の集落間で激しい山争いを繰り広げていた。それがやっと収まったときに幕府が倒れて新時代を迎えたが、明治に入って今度は隣村との間で争いが勃発したのである。

明治時代の林野政策の流れ

具体的に両村の山争いの内容に入る前に、明治政府の林野政策の推移を簡単に述べておこう（本項の記述は、『山形県史　本篇六　漁業編・畜産業編・蚕糸業編・林業編』による）。

明治政府は、明治三年（一八七〇）九月、「開墾規則」によって、所有関係の明確でない山林原野の払下げ制度を定めた。民間への払下げによって山野の所有者を確定することを通じて山野の開墾を促進し、それによる租税の増収を図ったのである。

次いで、明治四年八月の明治政府の「荒蕪《こうぶ》不毛地払下規則」により、全国の入会地が入札による払下げの対象とされた。それまで村中入会・村々入会となっていた林野の一部が、払下げによって個人の所有地になったのである。さらに、明治五年には、官林の払下げも認められた。

官林は江戸時代の御林（幕府・大名の直営林）を継承した部分が大きかった。江戸時代の御林では、百姓の薪炭生産・下草採取が認められていた場合が多かったが、官林払下げによってそこが私有地になった結果、新しい所有者が従来からの百姓の利用を認めなかったり、森林を濫伐したりするケースも出てきた。

払下げ制度は、資力のある庶民には儲けのチャンスでも、入会慣行によって生活を維持してきた一般農民には大きな打撃となったのである。これによってかなりの林野が払い下げられたが、それでもまだ全国には広大な入会地が存在していた。

一方、明治七年一一月に、明治政府は「地所名称区別改正法」によって、全国の土地を官有地と民有地の二種に区別したが、この時点で存在した入会地は「所有の確証」がない限りすべて官有地に編入されることになった。

次いで、明治九年一月に「山林原野等官民有区分処分方法」によって官有地と民有地の区分の具体的な基準が示された。そこでは、文書等による人民所有の確証が得られない土地は官有地とするものとされた。総じて民有地の認定基準はたいへん厳しく、その結果入会地の相当部分が官有地とされてしまったのである。これが、地租改正にともなう、山林原野の「官民有区分」である。

この官民有区分事業は、明治一四年におおよその完了をみた。ただし、官民有区分は官と民の所有区分は明確にしたものの、当初は江戸時代以来の入会慣行についてはあまり問題にしなかった。そのため、農民たちのなかにも、たとえ入会地が官有地にされても、従来通りの山野利用が許されるならばそれでもよいと考える者が多かった。むしろ官有地となったほうが、租税を払わなくて済むと考えた者もいたのである。

ところが、農民たちの官有地利用はしだいに制限される方向に向かった。政府は、明治一〇年に官林監守人制度を設けて、監守人に官林を管理させた。また、明治一二年には、官有地を利用するには鑑札（利用許可証）が必要とされるようになった。

明治一九年には大・小林区制が敷かれ、無許可で官林に入山した者は森林窃盗の容疑で起訴されるようになった。こうしてしだいに官有地への立入制限が強化され、農民は官有地から締め出されることになった。

こうした事態に対して、農民たちが不満を抱き抵抗するのは当然である。政府は取締りを強化して農民たちを抑え込もうとしたが、農民たちの「盗伐」はますます頻発した。そもそも、政府からみれば、官有地に無断で入って下草等を採取する「盗伐」

行為でも、農民側からすれば、江戸時代以来の入会慣行を継続しているだけであり、生活維持のための不可欠かつ正当な行為なのであった。そのため、取締りを強化するだけでは、「盗伐」を根絶することは困難だった。

そこで、政府は、明治二三年一〇月、官民有区分に起因する紛争の裁定機関として行政裁判所を開設した。しかし、行政裁判所の判決の大部分は政府や府県の判断を追認するものであった。

明治三二年四月には、「国有土地森林原野下戻法」が公布され、農民たちからの国有地（元の官有地）の払下げ申請を受け付けることにした。そこには、国有地を民有地として農民たちに払い下げれば、彼らの抵抗もおさまるだろうとの思惑があった。農民たちが、払下げを受けた林野を元のように入会地として利用できる道を開いたのである。しかし、実際には、農民たちの希望に反して、払下げを認められた林野は一部にとどまった。「国有土地森林原野下戻法」は、農民たちの願いを全面的に実現するものではなかったのである。そのため、農民の不満は解消されず、その抵抗はすぐには収まらなかった。

以上の全国的動向を念頭に置きつつ、これから具体的な山争いの一部始終をみていこう。

山争い始まる――地租改正にともなう村境決めを発端に〈明治七年六月〉

山口・田麦野両村の山争いは、明治七年（一八七四）六月一三日に、山口村の代表の副戸長《ふくこちょう》伊藤儀十郎（第三章の主人公伊藤義左衛門の弟）と同村百姓阿部保三郎が、田麦野村の戸長村山久四郎・副戸長東海林《しょうじ》源十郎・東海林源吉の三名を相手取って、山形県に山野の境界をめぐる訴訟を提起したことによって開始された。きっかけは、地租改正にともなう、山野の境界画定である。

このときには、江戸時代の村役人である名主・組頭は戸長・副戸長と改称されていた。また、地租改正とは、明治六年（一八七三）の地租改正条例などに基づいて行なわれた土地改革である。全国の土地の所有権を明確にして地価を定め、地価の三パーセントを地租（土地税）として金納させた。

まず、訴状から山口村の主張をみてみよう（以下、引用する史料はすべて現代語に直して抄訳している）。

今般、地券（地租改正のとき土地所有者に発行された土地所有の権利証）発行につき、各村とも地引帳《じびきちょう》・地引絵図（土地台帳と図面）を提出するようにとのお達しがありました。その際、田麦野村が提出した絵図面に、山口村の領域内にある官林（江戸時代の領主の御林を引き継いだ国有林）など数か所が田麦野村の領域として記載されているとの噂がありましたので、御役所で絵図面を確認しました。

　すると、噂は本当でした。山口村の領域内にある官林（水沢山、175ページ図8参照）など計一五か所が、田麦野村の領域内の官林として記載されていたのです。これらのなかには、普段は木を伐ることを禁止して、村人が山刀などの刃物を持って入山しないように取り締まっている留山《とめやま》の北部（221ページ図9参照）なども含まれています。

　さらに、山口村の留山・薪山《まきやま》両山（図9参照）の南部が、山口・田麦野両村の入会地として記載されていました。そこで、早速このことを山口村の村人たちに報告したところ、一同は仰天して、次のように言いました。

「田麦野村には、これまで村持山などはいっさいありません。山野の境界については、安永《あんえい》年間（一七七二〜一七八一）に原告（山口村）・被告（田麦野村）双方が立ち会って取り交わした議定書類《ぎじょうしょ》があるにもかかわらず、今回どういうわけでこのような主張をするのか理解できません。この点に関しては、被告にしっかり掛け合ってください」

　私たち（伊藤儀十郎と阿部保三郎）としても、この問題は一村の存続に関わる事柄なので捨て置くわけにはいかず、田麦野村に掛け合いました。すると、田麦野村側は、「問題の山野が残らず山口村の領域内であることは間違いないが、田麦野村の領域内にある官林の実際の面積が、本来あるはずの面積よりも少ないので、山口村の領域内にある官林を田麦野村の官林として記載したまでです。その場所に田麦野村の者が立ち入って山稼ぎをするようなことはありません」と答えました。

そこで、こちらが、「それならば、その旨を書面に認《したた》めて提出してほしい」と言ったところ、先方は、「口頭でならいくらでも約束するが、書面にはできない」とのことでした。

これははなはだ不都合な言い分なので、厳しく掛け合ったところ、「安永年間の議定書のことなど知らない」とか、「問題になっている山野は、もともと田麦野村のものだったのを、山口村に横領されたのであり、今回それを取り戻そうとしているだけだ」などと言い出しました。

私たちはあきれ果てて、「いつ、いかなる理由で、私たちが山野を横領したというのか」と尋ねたところ、相手側は、「いつのことかは、わからない」などと、理屈の通らない、根も葉もないことをでっち上げて、それを強情に言い募りました。これでは、とても当事者同士の話し合いでは解決できないので、仕方なく訴え出るしだいです。今さら官林の面積が不足しているからといって、他村の領域内の林野を奪っていいという道理はありません。

（中略）

田麦野村では、自村の領域内にある官林は、近頃木を伐り尽くし、材木や炭・薪にして売却してしまいました。このようにわがまま勝手をしておきながら、明治維新によって政治体制が一新されたのを幸いに、昔からの仕来り《しきた》を破り、他村の領域内の林野を奪い取ろうと目論んでいるのです。このような恐ろしい魂胆は、到底理解できません。

山口村が問題の山野を失うことになれば、村人たちは暮らしに差支え、難渋至極に陥ることは目に見えています。何とぞ格別の御仁恵をもって、私たちの願いを御理解いただき、被告人たちを至急召喚して、彼らの言いがかりについてとくと吟味してください。

そして、前々の通りに両村の境界を確定し、大勢の百姓が安穏に暮らし続けられるような御判断をお示しください。幾重にもお願い申し上げます。

ここで、問題になっている山林の位置関係を確認しておこう。主に問題とされているのは、水沢山・留山・薪山の三か所である。まず、水沢山は、図8（175ページ）にあるように、第三章でみた山口村の上組と中・下組との山争いで争点となった隔山の東側にある。面積は五一町六反余で、田麦野村と上山口（江戸時代の山口村上組）の集落の中間に位置しており、江戸時代には幕府の御林だった。

留山・薪山については、図9を見てほしい。図9は、図8（175ページ）の東側の区域と、さらにその東南方の一帯に当たる。そして、図9のCの部分が薪山、Dの

図9　山口・田麦野両村の山野略図

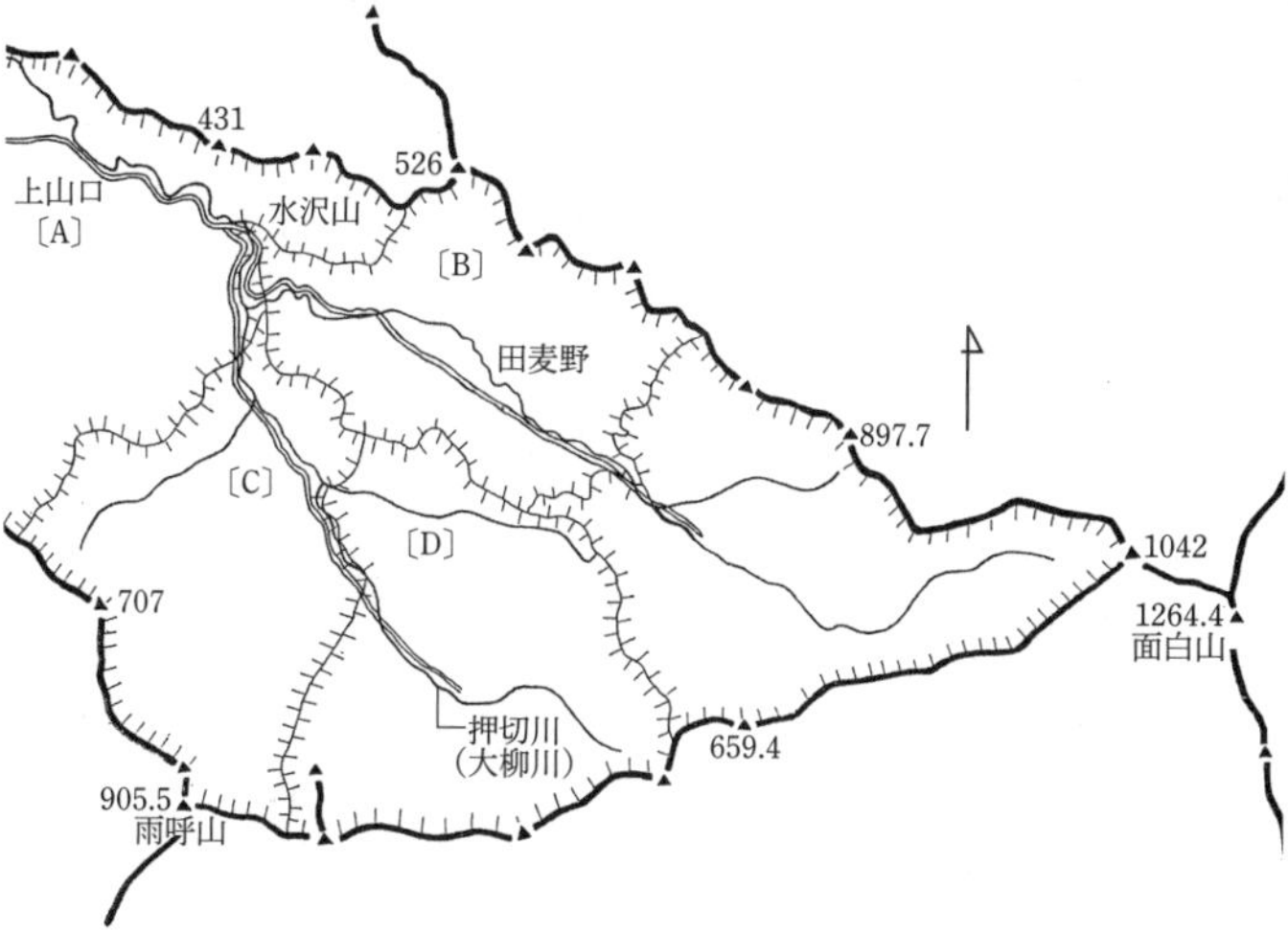

これは、図8の東側の部分と、さらにその東南方の一帯の図である。〔A〕は、図8に示した山口村の御林である。〔C〕が薪山、〔D〕が留山である。ただし、これは山口村側の主張に沿ったもので、田麦野村側は、〔C〕、〔D〕のうち大柳川より北東の部分は自村の領域であると主張し、そこを日向山、水上山などと呼んでいた。

＊図は、高木正敏「羽州村山地方における入会慣行と山論」81ページの図をもとに作成

〔A〕山口村御林
〔B〕田麦野村御林
〔C〕山口村薪山
〔D〕山口村留山

(1) —▲— 稜線
(2) 〜 川・沢
(3) ═ 道
(4) 〔A〕〜〔D〕の境界

部分が留山である。留山・薪山は、田麦野村の南方一帯に広がる九九〇町余におよぶ山地である。木の伐採を留《と》めて（止めて）いるから留山、そこから薪を伐り出しているから薪山というわけである。

留山・薪山のなかを南東から北西に押切川《おしきり》（大柳川《おおやなぎ》ともいう）が流れており、この川を境に留山・薪山は北側（より正確には北東側）と南側（より正確には南西側）に二分されていた。

山口村では、水沢山・留山・薪山の三か所とも山口村の領域内であると認識していた。それを、明治になって、田麦野村が、水沢山と留山・薪山両山の北側を自村の領域内だと主張し出したことにより、両村の間で争いが発生したのである。

先に引用した訴状で、山口村は、①山口村の領域内にある官林の水沢山など計一五か所（ここに留山・薪山両山の北部も含まれる）が、田麦野村の官林として絵図面に記載されていることと、②留山・薪山両山の南部が、山口・田麦野両村の入会地として記載されていることは不当であるとして、その取り消しを求めている。

①の事態を放置すれば、山口村の領域の山林が田麦野村に奪われて減少してしまう。②については、山口村では、留山・薪山の全域が山口村単独の入会地（村中入会）だと考えており、そこを田麦野村も利用することはとうてい認められなかった。

原告山口村の嘆願書〈明治八年一〇月〉

続いて、明治八年一〇月に、山口村の伊藤義左衛門（第三章の主人公）と阿部四郎兵衛が山形県に、次のような嘆願書を提出している。

山口村の村民を代表して、伊藤義左衛門・阿部四郎兵衛両名が申し上げます。

明治六年からの地券発行に際して、各村に地引帳と絵図を提出するようにとのお達しがありました。その際、山口村が管理している多数の林野が、田麦野村が提出した絵図面に、同村の領分として記載されているとの噂がありましたので、不審に思い、県の地券係に願って田麦野村が提出した絵図面を見せてもらいました。

すると、噂に違わず、山口村の領域内にある官林の水沢山や、薪山（の北部）、水源涵養林として昔から森林を保護してきた留山（の北部）など計一五か所が、田麦野村の官林として記載されていたのです。また、山口村の留山・薪山両山の南部が、山口・田麦野両村の入会地として記載されていました。

以上の場所はすべて山口村始まって以来同村に付属している山野ですが、田麦野村ではこれらのほとんど（留山・薪山両山の南部は除く）を自村の領域内だと主張しているのです。

（中略）

留山・薪山などの山野の境界はいずれも明確であり、古くから各々の領域を守って、他村の領域内には立ち入らないように気をつけてきました。当村の留山・薪山へは、当村の者が牛馬を牽《ひ》いて往復する道が幾筋もあります。他方、田麦野村からはそうした道はいっさいありません。

そうした事情を地券係に願い出たところ、聴訴係《ちょうそがかり》に回され、そちらで取調べが行なわれました。そして、明治八年八月二五日には、地租改正係に願い出るよう申し渡されました。そこで、すぐにも地租改正係に願い出るべきところ、これまで惣代（代表）を務めてきた伊藤儀十郎が明治八年七月から眼病を患って辞任し、同じ惣代の阿部保三郎も病気で惣代を務められなくなりました、そこで、やむなく今般私たち（伊藤義左衛門・阿部四郎兵衛）から嘆願申し上げるしだいです。

（中略）

四方の山々はそれぞれ境界を定めて村々が管理してきたのに、田麦野村の村役人たちは今になっていろいろと偽りを申し立てています。田麦野村では、自村の領域内の官林（図9のBの部分）はほしいままに伐り尽し、木のない草山にしてしまいました。

それに対して、山口村の留山は、年来管理が行き届き樹木も繁茂しています。田麦野村ではこれに目をつけ、さらに留山に加えて官林（水沢山）や薪山などまで不当に奪い取ろうとしているのです。まことに恐ろしいことを考える者たちです。

山口村が上記の山野を失うことになれば、わずかに残った山野だけでは日々の燃料にも差支えて暮らしを続けていくことができず、村を離れる者が出ることは明らかです。そうなっては何とも嘆かわしく、難渋至極の事態に至りますので、どうか御仁恵をもって以上の経緯を御理解いただき、田麦野村の村役人たちを至急召喚して、上述の事情をとくと吟味してください。そして、前々の通りに両村の境界を確定していただきたく、幾重にもお願い申し上げます。

このように、山口村は当初山形県に対して田麦野村の不法を訴えたが、解決をみないうちに担当部局が廃止となってしまったため、明治一二年一〇月に、あらためて福島裁判所山形支庁へ出訴した。

明治になって裁判制度も近代化され、各地に裁判所が設けられた。福島裁判所山形支庁は、現在の地方裁判所支部に当たる。

山口村と田麦野村の争いは、このあと二つの裁判に分かれて争われた。一つは、田麦野村の北西方向に広がる官林の水沢山をめぐる裁判であり、今一つは薪山や留山などの帰属をめぐるものである。まず、前者からみていこう。

2　官林「水沢山」をめぐる裁判〈争点その一〉

山口村、江戸時代の古文書を重要証拠として提出〈明治一二年一〇月〉

水沢山についての裁判は、明治一二年一〇月に、原告山口村側の代言人《だいげんにん》（弁護士の前身に当たる法律・裁判の専門家）で、山形町内に住む伊藤栄五郎が田麦野村を相手取って、福島裁判所山形支庁に「官林村界争論之訴状」（官林の境界をめぐる争いの訴状）を提出したことによって始まった。

伊藤栄五郎は、水沢山は面積が五一町六反あり、山口村下組が管理してきた場所であること、山口村では延享《えんきょう》二年（一七四五）から毎年「下草役永《したくさやくえい》」（幕府に納める山の利用料）として永一一〇文ずつを納めて、水沢山で下草を刈り取り田畑の肥料にしてきたことを述べて、その証拠として、次の古文書を提示している。

なお、「下草役永」の「永」とは、中世に中国からもたらされた「永楽通宝」という銅銭のことで、江戸時代以降実際に流通することはなかったが、銭貨の単位としてのみ用いられた。

覚

御林
一、水沢山
　　この下草役永一一〇文
御林計七か所
　この下草役永六五〇文
（中略）
このたび御林を山口村に御預けになり、「下草役永」の上納と引き換えに下草の採取を認めてくださるとともに、御林の管理をお命じになりました。つきましては、役永の額は右の通りとしていただきたくお願い申し上げます。
　延享二丑《うし》年六月

山口村名主
　新　蔵（印）
同
　十右衛門（印）
同
組頭
　留兵衛（印）

仁右衛門（印）
（以下、組頭七人省略）
百姓代
久右衛門（印）
（以下、百姓代二人省略）

漆《うるし》山《やま》
御役所（幕府の代官所）

これが、山口村側が裁判所に提出した「甲第一号」の証拠資料である。すなわち、明治の裁判において、江戸時代からの歴史的経緯が問題にされており、その経緯を示す証拠として江戸時代の古文書が提出されているのである。

山口村は、この「覚」を根拠に、水沢山は江戸時代から同村が利用料を納めて草を刈ってきた山であり、それは水沢山が同村の領域に属することを示す証拠だと主張しているのである。

山口村、江戸時代の絵図面を提出〈明治一二年一〇月〉

山口村では、さらに「甲第二号」資料として、山口・田麦野・川原子《かわらご》・猪野沢《いのさわ》（川原子・猪野沢両村は山口・田麦野両村の北方の近村、163ページ図7、175ページ図8参照）の四か村が、嘉永四年（一八五一）七月に、山の境界に関して取り交わした絵図面の写しを提出している。

そして、伊藤栄五郎は次のように述べている。

官林の水沢山は、従来、原告である山口村の下組の人民が維持管理してきました。その証拠が、「甲第一号」の資料です。そこにあるように、山口村では、延享二年から百数十年の長きにわたり、毎年「下草役永」を一一〇文ずつ上納して、下草を刈り取り田畑の肥料にしてきました。

また、「甲第二号」資料は、嘉永四年七月に、原告（山口村）・被告（田麦野村）両村の境界を確定し、両村および隣村の川原子・猪野沢を加えた四か村が、山の境界を絵図面に記して取り交わしたものです。（中略）これを見れば水沢山が山口村の領域内であることは明確です。

ところが、被告はこの証拠資料に反して、地券発行の際、水沢山を田麦野村の官林だとして、田麦野村の「地引絵図」に記載したのです。このようなことまでして、原告が百数十年にわたって得てきた利益を奪おうとするのは理解できません。

原告側では、証拠に基づいて公平に和解しようとしましたが、被告側はあいまいな対応をするばかりか、ますます虚偽の主張をたくましくしています。そこで、やむを得ず出訴するしだいです。どうか、水沢山に関しては、証拠に基づいて判決を出してくださるようお願いします。

田麦野村も江戸時代の古文書を持ち出す〈明治一三年四月〉

ここまでは、山口村側の主張をみてきたが、一方の田麦野村はどう言っているのだろうか。次に、明治一三年四月二八日に、田麦野村の代表として、東海林源十郎ら三人が裁判所に提出した口供書《こうきょうしょ》をみてみよう。

原告（山口村）が自村の領域内だと訴えている水沢山は、従来から被告村（田麦野村）に属している官林です。以下、それを証明しましょう。

私どもが提出した「乙第一号証」は、天保一三年（一八四二）九月に、幕府の東根代官所から下付された、田麦野村の「官林帳」（幕府の御林を書き上げた帳面）です。その冒頭に、「字《あざ》（村内の小地名）水沢山御林　一か所　平均長さ一四〇〇間《けん》（一間は約一・八メートル）　横六五〇間　面積三〇三町三歩余」と記載されています。（中略）

さらに、係争地のあちこちには田麦野村の土地があり、その合計面積は畑一反一畝八歩、草地一反三畝二六歩になります。それに加えて、係争地の内の四か所に散在する樹木は、田麦野村の小座間清五郎が自身の所持地に植え付けたものです。

このように、田麦野村でも、山口村と同様に、江戸時代の証拠書類を提出して、係争地が自村の領域内であることを主張している。自村で保管している古文書に水沢山についての記載があることを根拠に、そこが自村の領域であると主張しているのである。

近代以降の裁判においては、江戸時代以来の証拠文書の有無が判決を大きく左右することが多かった。そのため、全国各地の村々には、今日でも水利や土地関係の古文書が多数大事に保管されているのである。

また、田麦野村は、別の文書では、「江戸時代には、水沢山は自村の領域内にある御林であり、毎年利用料を納めてそこで下草を刈り、肥料や牛馬の飼料にしてきた。御林に生えている松以外の雑木《ぞうき》は下草とみなして伐採してきたし、炭焼きもしてきた」とも主張している。

さらに、田麦野村では、水沢山に自村民の耕地や樹木が存在することも、自らの主張の根拠にしている。なお、この点について、山口村側は、水沢山にある田麦野村民の耕地は、彼らが勝手に開墾したのを、山口村が黙って見逃していただけだと述べている。

山口村、敗訴を経て逆転勝訴〈明治一三年一〇月〉

この裁判は、福島裁判所山形支庁において、山口村敗訴の判決が出された。判決理由については史料が残っていないのではっきりしないが、この判決に不服の山口村は宮城上等裁判所（現在の高等裁判所に当たる）に控訴した。明治一三年一〇月、宮城上等裁判所は次のような判決を下した。

係争地の水沢山については、原告（山口村）・被告（田麦野村）とも同じ名称で呼んでおり、そこが官山（官有の山）であることも双方ともに認めている。したがって、この訴訟は水沢山の所有権を争うものではなく、そこの地盤が原告・被告のどちらに所属するかを争うものである。

提出された証拠資料や現地における実地検分に基づいて判断するに、原告・被告両村の境界は、明らかに原告の主張通りである。

被告は、係争地のなかに被告村の人民の畑があることを理由に、係争地が自村の領域だと主張するが、原告は、それは被告村の人民が原告の知らぬ間に開墾したものだと主張している。したがって、畑の存在は地盤の帰属とは無関係である。

地租改正にあたって、これらの畑に地券が交付されているが、それは被告の申し出に従ったにすぎず、原告の承認を得たわけではないので、やはり地盤の所属の証明にはならない。

よって、係争地の境界は原告の主張通りとする。訴訟費用は、法律に定めるところにより被告の負担とする。

このように、宮城上等裁判所は、山口村の主張を認めた判決を言い渡している。山口村の逆転勝訴であった。これによって、水沢山をめぐる両村の対立は決着をみた。

ここで注目されるのは、両村が、係争地に関して、そこが官有地か民有地かということではなく、そこがどちらの村の領域かということについて争っていることである。その背景には、村人たちにとっては、係争地が自村の領域であれば、たとえそれが官有地であっても、そこでの草木の採取は可能であり、とりあえずはそれで十分だという認識があった。

3 「留山」「薪山」をめぐる裁判〈争点その二〉

山における境界、山の利用権をめぐって対立

続いて、山口・田麦野両村が争ったもう一つの裁判、すなわち留山・薪山をめぐる裁判の経過を追ってみよう。

山口村は、留山・薪山は自村の持山であり、自村民だけの入会地だと主張する。これに対して田麦野村は、留山・薪山の間を流れる大柳川（山口村では押切川という）を境に、留山・薪山両山の北側は田麦野村の官林であり、南側は両村の入会地であると主張した（南側については、山口村の地籍であることを認めている）。

ここでの争点は、大きく分けて二つある。一つは、両村の境界線の位置である。山口村は、留山・薪山の全域が自村の領域だと主張し、両村の境界は留山・薪山の北端だという。一方、田麦野村は、両村の境界は大柳川であり、その北側（留山・薪山両山の北部）は自村の領域だと主張しているのである。

争点の二つ目は、留山・薪山の利用権である。山口村は、留山・薪山両山の全域が自村民だけの入会地だと主張する。他方、田麦野村は、大柳川を境に、留山・薪山両

山の北部は自村のみの入会地、南部は山口・田麦野両村の入会地だと主張している。このように両村の主張は真っ向から対立した。

また、大柳川以北の留山・薪山両山の北部を、田麦野村では、日向山、水上山などと呼んでいた。隣村同士でも、呼び方が異なっていたのである。

留山・薪山は、それまで売買・譲渡などがなされた形跡がないという理由で、明治一一年一一月に官林に編入された。しかし、両村ともそれに対して強く反対した形跡はない。両村にとっては、官有・民有（村も民に含まれる）の区分よりも、そこに生えている草木の用益権のほうが重要だったのである。

そして、用益権を確保するためには、まずもってそこが自村の領域でなければならなかった。そのため、両村の領域の境界（範囲）をめぐって鋭く対立したのである。また、その背景には、官林となってもそこでの草木の採取は可能だとの認識があり、そうした認識は江戸時代における御林の用益のありように根拠をもっていた。

江戸時代には、御林であっても百姓たちの草木採取は認められていたから、官林となってもそうした山野利用は継続できるだろうと考えたのであり、官林となった当初は実際に継続できたのである。

一審判決「原告山口村は、訴訟相手を間違っている」〈明治一三年八月〉

この裁判は、明治一三年八月六日に、福島裁判所山形支庁で判決が出されたが、それは次のようなものであった。判決では、まず原告（山口村）の主張を次のようにまとめている。

原告の主張は、以下の通り。（中略）

留山は、原告が水源涵養のため、および凶作に備えて、樹木の伐採を制限して管理してきた山である。また、薪山は、山口村民が薪を採取してきた、自村の持山である。

以上のことは、提出した証拠資料、および現地にある境塚《さかいづか》（天保一四年〔一八四三〕に山口・田麦野両村の村役人立ち会いのもとで築かれたとされる村境の目印となる塚）などから明らかである。ところが、被告村（田麦野村）が、明治七年における地租改正事業の際、原告に属する山林原野を被告村の地引絵図に自村分として記入したことが争いの発端となった。

原告側は山形県庁へ出訴し、また山形県庁の地租改正係へ願い出たりしたが、そのうち明治一一年一一月に、係争地は民有地であった形跡がないとして官有地とされた。その処置について異論はないが、被告が原告との村境を侵犯している行為については、裁判に訴えてその非を明らかにするしかない。

留山が原告村の領域であり、原告村の村役人がそこを監視していたことについては、今回証拠として提出した江戸時代の多くの資料によって明らかである。ところが、被告村は留山の北部を自村の官林だと主張している。

しかし、原告村は、これまで北部を含む留山全域で炭焼きや木の伐採をすることがあったが、それを被告村から問題にされたことはない。それは、被告村が留山に関与してこなかった証拠である。そのことは、留山の北部が被告村の領域ではないことを示している。

留山はその全域が日常的には木の伐採を禁じた山口村の山であり、南部も田麦野村との入会山などではない。

また、薪山の南部について、被告村はそこを両村の入会山だと主張しているが、薪山は原告村が単独で利用する領域であることに間違いない。

判決文は、次に、留山・薪山の北部が被告村の官林であり、南部は両村の入会地だとする、被告側の主張を要約している。それに続けて、次のような判決内容が示された。

以上の原告・被告双方の主張に対する判決は、以下の通り。

原告村によれば、この争いの発端は、被告村が係争地を蚕食《さんしょく》（他村の領域の侵害）してきたので、従来からの自村の権利を守るために、境界を明確にして被告村の侵害を防止しようとしたところにあった。

しかし、争いが始まって以降、係争地が官林となったことについては、原告・被告両村ともに認めている。とすれば、当初の原告村と被告村との争いは、官林となって以降は、原告村と現在官林を所有している官庁との間の問題に転換している。

したがって、原告村があくまで係争地に関して争おうとするのであれば、現時点では官庁を相手とすべきである。ところが、そうせずに、今も被告村と争っているのは、訴訟相手を誤認したものである。訴訟相手を取り違えている以上、原告村の要求は認められない。訴訟費用は、法律の規定に基づき原告村の負担とする。

このように、判決は原告山口村の敗訴だった。ただし、裁判所は境界や利用権についての田麦野村の主張を認めたわけではない。係争地が官林となった以上、山口村はその所有については官庁と争うべきであり、田麦野村を相手にした訴訟はそもそも成り立たないというのである。争う相手を取り違えた訴訟は受け付けられないというわけである。

山口村、控訴、上告へ〈明治一三年一一月／明治一五年二月〉

このように、一審では、両村の境界や利用権についての判断が示されないままに、山口村の敗訴とされた。この判決に不服な山口村は、明治一三年一一月五日、宮城上等裁判所に控訴した。控訴状には、次のように記されている。

> 係争地は、現在は官有地になっていますが、その地籍は依然として山口村に属していることに変わりありません。この訴訟は、両村の境界に関わる地籍の訴訟であって、けっして官有か民有かという所有権をめぐる訴訟ではありません。
> 係争地が原告村に帰属することは、原告が提出した証拠資料によって明らかであるだけでなく、係争地に現存する境塚や、原告村の者が木を伐った痕跡などによっても明白です。
> よって、一審の判決を覆して、妥当なご判断を示してくださるようお願い申し上げます。

すなわち、係争地が官有地か民有地かという問題と、そこが山口村と田麦野村のどちらの地籍（領域）かという問題はレベルが違うというのである。山口村は後者を問題にしているのに、福島裁判所山形支庁の判決は前者のみを取り上げており、とうてい納得できないというわけである。

これに対して、田麦野村側は、明治一四年一月四日に答弁書を宮城上等裁判所に提出して、両村の境界が田麦野村の主張する大柳川のラインであることを再度強調している。

控訴審の判決は、明治一四年一二月九日に出された。判決書では、原告・被告双方が提出した証拠書類はいずれも採用しがたいとして、境界についての判断を避け、境界に関しては行政官の処分を受けるべきものとした。また、訴訟費用は原告・被告それぞれの自弁とした。すなわち、境界についてはどちらの主張も採用せず、判断を行政当局（山形県）に委ねたのである。一審と同趣旨の判決であった。

山口村はこの判決を不服として、明治一五年二月一三日に、ついに大審院《だいしんいん》（現代の最高裁判所に当たる）に上告した。

しかし、明治一六年四月一九日に出された大審院の判決は、「宮城上等裁判所の判決は破毀《はき》すべきものにあらず」、すなわち控訴審の判決を支持するというものであった。また、訴訟費用は山口村の負担とされた。ここにおいて、裁判は山口村の敗訴確定というかたちで終結したのである。

4　舞台は司法から行政へ――山口vs.田麦野、第二ラウンド

山形県、留山・薪山を山口村の地籍に決定〈明治二二年三月〉

ただし、裁判は終結しても、山の境界について田麦野村の主張が認められたわけではない。宮城上等裁判所や大審院の判決は、境界に関しては行政官の処分を受けよ、というものであった。すなわち、境界の判定は行政の判断に委ねられたのである。

そこで、山口村は、明治一六年七月、村界決定を求めて山形県知事に願い出た。県知事柴原和《しばはらやわら》は、明治二二年三月二七日、内務大臣の命を受けて両村の境界を決定したが、そこでは山口村の主張が取り入れられて、留山・薪山はその全域が山口村の地籍であると認定された。山口村は、裁判に負けたものの、山形県には自らの主張が認められたのである。山口村にとっては、まずは一安心であった。

明治二二年四月、町村制が施行された。このとき、大規模な町村合併が実施され(明治の大合併)、山口村は近隣諸村と合併して山口村となった。すなわち、村名は変わらないものの、江戸時代以来の山口村は新しい山口村のなかの大字《おおあざ》山口となったのである(以後、山口村とは主に山口村大字山口を指す)。田麦野村のほうは、他村との合併はなく、そのまま田麦野村として存続した。そして、明治二二年三月に定められた

村界は、そのまま新しい山口村と田麦野村との境界となった。

山口村は、今度は明治二四年に、明治二二年に自村の地籍に入った留山・薪山を民有地に変更してほしい旨を、山形県に願い出た。明治一一年に留山・薪山が官有地に編入されたとき、山口村は取り立てて異議を挟まなかった。しかし、実は官有地編入には不服だったのである。明治三〇年に、山口村では、官有地編入時の事情を次のように述べている。

田麦野村との係争地となった山口村の持山（留山・薪山）は、明治一一年に、過去に売買・譲与等地盤を処分した形跡がないという理由で、官有山に編入されてしまいました。しかし、山口村は、この処置を承服することはできませんでした。なぜならば、この村持山は古来村民が命の綱と頼んできたものだからです。それが官に没収されるという不幸に遭ってしまったのです。村民たるもの、誰がこれを甘受することができましょうか。

けれども、当時は田麦野村と地盤の所属をめぐって係争中であり、そちらに力を注がざるを得なかったため、官庁に対してそこが民有であるという事実を十分に主張することができませんでした。事の本末軽重を考えれば、まずは田麦野村との地盤所属の争いを優先させざるを得なかったのです。

こうした事情から、山口村ではいったんは官有地編入を甘受したものの、留山・薪山が自村に帰属することが認められたのを機に、そこの民有地への変更を求めたわけである。民有地となれば、山口村の所有権はいっそう確実なものになり、山野を元通り入会地として自由に利用できる。そこに、山口村が民有地への変更を求めた理由があった。

また、山口村が、山が「命の綱」だと言っているのはけっして誇張ではなかった。実際、明治三〇～三一年の凶作のときは、村民の約半数が、山から採れた植物に外国産米を混ぜて食べることで、かろうじて生命をつなぐことができたのである。

留山・薪山、民有地となる〈明治二五年四月〉

山口村の出願に対して、田麦野村は、明治二四年一〇月、宮城大林区署長高島得三に、一通の願書を提出している。大林区署とは、明治一九年に設置された官林管理・取締りのための機関である。願書の趣旨は、以下の通りである。

①留山・薪山の南部（田麦野村では雨呼山などという）では、田麦野村が江戸時代から毎年利用料を幕府の代官所に上納して炭焼きをしてきた。

②留山・薪山の北部（田麦野村では日向山・水上山などという）については、田麦野

村が「御林下草永《おはやしたくさえい》」（御林の下草の利用料）を幕府の代官所に上納して、こちらも江戸時代から利用してきた。

③留山・薪山の北部については、江戸時代に幕府の代官から下付された「御林帳」などの証拠書類によって、田麦野村の地籍に属する御林であったことが明らかである。明治以降は田麦野村地籍の官林となり、田麦野村で管理してきた。そこには田麦野村人民の耕地が散在しており、それによっても田麦野村の領域の土地であることは明瞭である。

④ところが、明治七年以来、山口村から村の境界をめぐって争いを起こされた。裁判では山口村の敗訴となったが、その後明治二二年に、山形県庁は、おかしなことに、留山・薪山の全体を山口村の地籍とした。これによって、田麦野村は、留山・薪山の北部を失った。これらの山を失っては、田麦野村の村人たちの暮らしは成り立っていかない。

⑤留山・薪山は明治一一年以降官林となったので、官（山形県庁）の判断でいずれの村の地籍に編入されてもやむを得ないが、そこがさらに山口村の民有地などになっては、それこそ田麦野村の存続が危ぶまれる。どうか、これまで通り官林のままにしておいてほしい。

以上が、田麦野村の願書の趣旨である。田麦野村は、山形県によって留山・薪山の全域が山口村の地籍であると認定された後も、その北部は自村の地籍で、南部についても自村が入会権（利用権）をもっているという、従来からの主張を堅持しているのである。

そして、田麦野村は江戸時代からの経緯を述べて山口村の出願に反対し、留山・薪山を官有地のままにしておいてほしいと願っている。別に、山形県知事に対しては、村の境界決定の仕方が不当であることを訴えて、その取り消しを願い出ている。

そのわけは、留山・薪山が山口村の地籍内の、しかも民有地となってしまえば、もはや田麦野村はそこにいかなる関与もできなくなるからである。留山・薪山が官有地のままであれば、官に願うことで、以後もそこを利用できる可能性が残る。田麦野村の狙いは、そこにあった。

では、山形県はどう判断したか。山形県知事は、明治二五年四月二六日に、山口村の申請を認めて、官有地であった留山・薪山を山口村の民有地とすることに決定した。ここにおいて、田麦野村は、留山・薪山にはいっさい立ち入ることができなくなってしまった。

境界争いの舞台は北村山郡参事会へ〈明治二八年一二月〜〉

これに対して、明治二五年七月六日、田麦野村は、県の措置は違法であるとして、その取り消しを求めて行政裁判所に出訴した。行政裁判所とは、政府が明治二三年一〇月に、官民有区分に起因する紛争の裁定機関として開設したものである。

県知事を被告とするこの裁判の判決書は残っていないが、田麦野村の敗訴に終わったと思われる。そこで、田麦野村は、今度は明治二八年一二月二三日に、北村山郡参《きたむらやまぐんさん》事《じ》会《かい》に訴願書を提出して、山口村との境界線を田麦野村が主張するラインへと変更してくれるよう求めた。両村の境界争いは、今度は舞台を北村山郡参事会に移したのである。

北村山郡参事会とは何か。明治二三年（一八九〇）五月、郡制が公布され、郡は府県と町村の中間の自治体とされた。これを受けて、山形県知事長谷部辰連《たつつら》は明治二四年四月から郡制を施行した。郡には郡長や郡職員がおり、郡会という議会が置かれ、さらに郡会の上に郡参事会が置かれたのである。

今日も郡という名称は存在するが、それは一定の区域を指し示す名称として住所表示に用いられたりするだけであり、そこに職員や議会は存在しない。それが、当時と現代との違いである。

郡参事会は郡長と名誉職参事会員四名で構成された。名誉職参事会員四名中の三名は郡会議員のなかから互選（お互いのなかから選挙で選ぶこと）で選ばれ、あとの一名は県知事が郡会議員もしくは郡内の公民のなかから選任した。郡参事会は郡政の全般を議論し、郡当局が郡会に提出する議案の原案審議にあたった。明治三三年（一九〇〇）には、郡参事会員が五名となり、全員が郡会による選出になった。

留山・薪山、保安林に編入される〈明治三〇年一二月〉

話を山争いに戻そう。北村山郡参事会でこの件について審理中の明治三〇年七月二九日、県知事菊地九郎から山口村に対して、国土保全のため、留山・薪山における伐木を停止（禁止）するとの通達が出された。

驚いた山口村村長伊藤義左衛門（第三章の主人公伊藤義左衛門の跡継ぎ）は、同年八月二日に、農商務大臣大隈重信《おおくましげのぶ》に対して、伐木停止の猶予を上申した。山で伐木ができなくなれば、村民は生活の糧を失ってしまう。それでは、せっかく自村の民有地となった甲斐がない。ただし、この時点では、伐木停止は恒久的なものではなく、田麦野村との係争中に限っての一時的措置である可能性もまだ残されていた。

ところが、同年一二月二八日には、県知事により、同年四月に制定された森林法に基づいて、留山・薪山を保安林に編入するとの告示がなされた。ここにおいて、両山は水源涵養のため恒久的に伐木停止とされたのである。

保安林とは、風雨・雪・土砂などによる災害を防止し、水資源を保全するための山林である。明治三〇年制定の森林法では、保安林制度がはじめて体系的に規定された。

水源涵養、土砂流出防止、水害防止などを目的として、全国で約六〇万町（一町は約一ヘクタール）の保安林が設定され、そこでの皆伐《かいばつ》や開墾が禁止されたのである。この保安林制度は国土保全と森林保護に大きな役割を果たしたが、こと山口村にとっては生活の糧を奪われるに等しい大問題だった。自然保護と地元住民の生活保障とは、ときに両立しない場合があったのである。

山口の全戸主が保安林編入に抵抗〈明治三一年一月〉

保安林編入という生活の危機に直面して、明治三一年一月一四日には、山口村大字《おおあざ》山口（山口区、江戸時代の山口村）の全戸主が署名捺印した「誓約証」が結ばれた。その要点は、以下の通りである。

これまで、山口村大字山口と田麦野村との間で、山地をめぐって争いを重ねてきた。この件は、いったん司法裁判の判決を受けた結果、行政庁の処分によって、当大字の主張に沿ったかたちで境界が確定された。次いで、明治二五年には、当大字の地盤に属する山地（留山・薪山）は当大字の民有地となり、以来区有財産（大字山口区の財産）としてその所有権を維持してきた。しかし、田麦野村との争いは今も未解決のままである。

今般農商務省からの通達によって、県知事は北村山郡長本田龍助を上京させて、農商務省との交渉に当たらせた。山口区からも調停委員として総代一、二名を上京させよとのことだったので、大山惣八《そうはち》・伊藤宜七《ぎしち》の二名を上京させた。

すると、農商務省から調停委員に対して、山口区有となっている留山・薪山の一部(両山の北部であろう)を田麦野村に割譲すべしとの厳重な説諭がなされた。しかし、留山・薪山は、現在は完全に山口の所有財産になっており、いわれなく他村に分与すべきものではない。

また、留山の内には水源涵養上必須の場所もあり、そこが他村の所有となってほしいままに濫伐《らんばつ》されたならば、山口村全体の用水に少なからざる悪影響を及ぼす恐れがある。よって、農商務省の説諭に応じることはできないのであり、一同協議のうえ山野の割譲は拒否することに決定した。

しかし、その結果、当該山地の全部または一部を官に没収される(再び官有地とされる)可能性がある。そのようなことになった場合には、当区の住民は一致協力して、訴訟によって所有権の回復を図らねばならない。それに備えて、以下の条項を確約しておくものである。

一、訴訟経費として、各戸とも金五円ずつを、一月二〇日までに村役場に納付すること。

一、訴訟が終結するまでは、各戸とも毎月一円ずつを、毎月五日までに村役場に納付すること。
一、訴訟終結時に前記の出金では不足を生じた場合は、各戸平等に負担して出金すべきこと。
一、出金を滞納する者は、出訴されても苦情を言わないこと。

このように、山口では全戸あげて留山・薪山を守り抜く決意を固めたのである。村の各戸には当然経済的な格差があったが、この問題に関しては全戸平等の経済的負担をすることを取り決めている。地主も小作人もともに山を利用し、その恵みを受けていたからである。

農商務大臣に伐採停止解除を嘆願〈明治三一年三月〉

こうした誓約証を交わしたうえで、明治三一年三月八日に、山口村大字山口の総代伊藤秀次郎が農商務大臣伊東巳代治《みよじ》に宛てて、伐木停止解除の願書を提出した。誓約証で訴訟も辞さないとした大字山口ではあったが、経済的負担の大きい訴訟はできれば避けたいものであり、そのための願書提出であった。その内容の一部を、以下に紹介しよう。

留山・薪山は、古来、元山口村（大字山口）における唯一の村持山で、幾百千年の久しきにわたって村民が生命の綱と頼んできました。江戸時代には、ずっと民有地（村は民に属する）だった所です。ところが、官民有区分の際、不幸にも明治一一年に官有地に編入されてしまいました。

しかし、当時は、田麦野村との係争の真最中でしたので、官庁に対して、そこが民有地であるという事実を明確に申し述べることができず、仕方なく官有地編入を甘受しました。

そして、明治二二年に田麦野村との争いが決着した後に、民有地に戻してくれるよう請願しました。この請願は、明治二五年四月に許可され、山々は以前の通りに元山口村の所有（村持山）となりました。

その後は、村長を管理者とし、新たに区会《くかい》（大字山口区の議会）を設けて、山の管理はすべて区会の決議に基づいて行なってきました。旧例・慣行のうち存続させるべきものは存続に努め、伐採の時期が来た樹木は区域を定めて伐採する一方、その跡には杉・桐・漆などの苗を植え付けてきました。

こうして長年にわたって山によって村民の困窮を救うと同時に、山林の荒廃を防ぎ、山を頼りに一村全体が安心して暮らしてきました。ところが、明治三〇年七月に、突然、全山伐木停止の命令を受けたのです。

留山・薪山は、村の耕地と密接な関係をもっています。青草・干し草・木の葉等主要な肥料はすべてこれらの山から採っています。山の貢租についても、山は田畑に付属している土地だからということで、耕地の貢租に含めて上納してきました。

元山口村は、三方を山に囲まれている山間の僻地です。田畑が少なく地味も悪いので、田畑からの収益だけでは生計を支えていくことができず、村民の七、八割は常に飯米を他村から購入しています。わずかに山稼ぎによって糊口《ここう》をしのいでいる土地柄なのです。村民の八、九割が山稼ぎをしています。

今回の伐木停止の背景には、田麦野村との争いがあるものと推察します。しかし、このままでは元山口村は生活の糧を失い、全村の疲弊は名状しがたいものとなります。どうか伐木停止を解除して、一日も早く村民の窮状を救ってくださるようお願い申し上げます。

すなわち、国による留山・薪山の保安林指定は、純粋に国土保全の目的によるものだけではなく、長期にわたる山口・田麦野の争いを決着させるべく取られた政治的対応だったのである。保安林指定という荒療治を加えれば、双方とも目が覚めて和解に応じるだろうとの目論見があったのだと思われる。山口が、田麦野の主張通り、留山・薪山の北部を田麦野に割譲して和解すれば、留山・薪山の保安林指定を解除するという含みをもたせたのだろう。そうなれば、山口としても、留山・薪山の北部は失うものの、残る南部は自由に利用できることになるから、山口も割譲案に同意することを、国は期待したのではないか。

しかし、期待通りにはならなかった。山口側は、保安林に指定されるまでもなく、従来から地元で自主的に森林保護に努めており、指定は不要だと主張したのである。そして、逆に保安林に指定されることが、地元住民の暮らしを破壊することになると訴えた。

山口としては、保安林指定は何としても解除してもらわねばならない。しかし、そのためには、留山・薪山の一部を田麦野に割譲するよう迫られている。だが、割譲など絶対にできない。こうして、山口にとってはたいへん厳しい状況になった。他方の田麦野も、この山争いで一歩も引けないという点では同様だったろう。

山口と田麦野、ついに和解す〈明治三一年一二月〉

その後、事態はどう展開しただろうか。農商務省は、和解によってこの争いを解決させるべしとの意向を県知事や郡長に伝えた。それを受けて、両村の村会《そんかい》（村議会）の決議を経て、明治三一年一二月一四日に、ついに両者の間で歴史的和解が成立した。

山口村村長伊藤義左衛門・田麦野村村長東海林源吉らによって結ばれた「山口村大字山口ト田麦野村トノ山論事件和解約定書《やくじょうしょ》」では、以下のように取り決められた。

一、山口村大字山口に所属する留山・薪山（田麦野村では同所を日向山・水上山・雨呼山などという）について、田麦野村は同所が山口区有財産であることを確認し、将来にわたって当該山地に関して異議を唱えない。

（二、三条目略）

四、山口村大字山口と田麦野村が、各々の地籍内の官有山林の民有地への払下げを出願するときは、両村は互いに協力する。

（五条目略）

この和解によって、二五年にわたる境界争いはついに最終的な決着をみたのである。留山・薪山は、山口の領域であることが確定した。一方、引用は省略したが、山口はそれまで田麦野と共同で利用していた、別の場所にある山野の入会権を放棄することによって、田麦野に譲歩した。また、官有地の払下げにあたっては、互いに協力し合うことになった。このように、双方ともに譲歩し合った結果、ようやく和解が成立したのである。この裁判に要した経費は、総額で山口村六万六〇〇〇余円、田麦野村三万三〇〇〇余円にのぼった。正確に現在の貨幣価値には換算しにくいが、大金であることは間違いない。

山口村、保安林指定の解除を求める〈明治三二年六月〉

和解を受けて、明治三二年六月二〇日には、山口村村長伊藤義左衛門から山形県知事に対して、留山と薪山の「保安林解除申請書」が出された。そこには、次のように記されていた。

留山・薪山は、官民有区分の際、不幸にも官に没収されました。以後二〇余年にわたってろくに山稼ぎもできないうえに、訴訟や請願に多大の労力と経費を要したため、ほとんど村が滅びる瀬戸際まで至りましたが、ようやく民有地に引き戻すことができました。

ところが、明治三〇年七月、突然、全山の伐木停止を命じられ、村民一同驚愕しました。そのときは、なぜ伐木が禁止されたのかわかりませんでした。

さらに、森林法の施行により、水源涵養のための保安林に指定され、恒久的に伐木停止とされました。しかし、当該山林内は流水が乏しく、とても水源涵養上重要な場所とはいえません。また、当該山林で伐木したからといって、用水が不足するようなことはありません。

当該山林は、大字山口区という公共団体が所有しており、伐木その他山林の経営は、区会の決議に基づいて村長が管理しています。毎年の伐木区域は区の予算に応じて制限されているため、山林荒廃の危険はありません。

それなのに、現在のように伐木を禁止されては、村民の困窮が増すばかりです。どうか、至急保安林の指定を解除してください。

文中では、留山・薪山は水源涵養上重要な場所とはいえないとされているが、前述した明治三一年一月一四日の「誓約証」では、「留山の内には水源涵養上必須の場所もあり」と述べられていた。「誓約証」は村内限りのもので、虚偽を記載する必要がないことを考慮すると、「保安林解除申請書」で留山・薪山は水源涵養上重要な場所とはいえないとしている点については、保安林解除を実現するための方便である可能性があろう。

ともあれ、山口・田麦野の争いが終結した以上、国としても政治的意味合いの強かった保安林指定に固執する必然性はない。そのため、山口村の申請を受けて、留山・薪山の保安林指定は解除され、そこは紛れもなく山口村大字山口が自由に利用できる山となった。

その後も、山口・田麦野間に若干のトラブルはあったものの、この時点で問題は基本的に解決した。以上が、山口・田麦野の山争いの一部始終である。

「わが命より山争いの勝利」

本章を、田麦野に伝わる次のエピソードによって締めくくることにしよう。そこからは、山にかける村人の思いが強く伝わってくる。

何年のことかはっきりしないが、東海林源吉・粂蔵《くめぞう》・与次兵衛《よじへえ》（いずれも田麦野村の山争いの訴訟の代表）の三人が訴訟に関わって東京に出ていたとき、粂蔵がコレラにかかって瀕死の状態に陥った。

そうしたときでも、粂蔵は「山争いの件をよろしく頼む」と言う。源吉が、「案じるな。何か家に言い置くことはないか」と問うと、「何を言っても遠方のことだから、言う事はない。ただただ争論は祖父・親父が苦労なされた山争いなので、これについては何とぞ頼む」との答えである。

そこで、源吉は、「山争いは、自分の命がある限り、きっと神仏を頼み、親・兄の敵《かたき》を討ち勝利するから、安心して元気になれ」と励ました。

その後、粂蔵は、医者にかかり、源吉たちが神仏に祈念した甲斐もあって、無事回復したという。

また、田麦野では、明治三七年に、山争いにおける「大勝訴」（田麦野側では、山口との訴訟の結果を勝訴だと認識していた）は神々の御加護のおかげだとして、村一番の古木「かさ松」を「名誉《ほまれ》の松」と定め、そこに八幡《はちまん》神社を祀った。八幡神社の建設に当たっては、東海林源吉ら八人が世話人となり、また源吉ら四人が社地に充てる土地を寄付したという（以上は、東海林昭典『田麦野之今昔』による）。

終章　争いを経て守られた林野

武士の裁きの特徴——藩益を優先しつつ百姓に配慮

以上、日本人と林野との関係史を四章にわたって述べてきた。ここで、その要点を振り返っておこう。

第一章では、室町期から明治期にいたる人びとと林野との関係をさまざまな角度から眺めてみた。それを受けて、第二章以降では、具体的な事例を掘り下げた。第二章で取り上げた仙仁村の事件からは、以下のことが明らかになった。

まず、訴訟の裁許にあたっては、直接吟味を担当した役人から郡奉行に伺いが出され、それを受けて郡奉行が家老に伺いを出すというかたちで、下位部局から上位部局に順次伺いが出され、最終的には家老の承認によって判決が確定した。

しかも、伺いを受けた上位部局は、基本的に下位部局の判断を尊重し、下位部局が判断を保留した点に関して判断を示している。このように、藩の意思決定過程においては稟議制が採用されていた。藩の政治体制は、けっして藩主の専制支配や一部の家老たちによる寡頭支配ではなかった。職階的には下位にある現場担当者の意見が尊重される仕組みになっていたのである。そこに、今日の稟議制につながる、藩の組織運営の特徴がみてとれる。

また、村・百姓と藩の関係については、以下のように言える。

①松代藩は、自藩領の村の領域に含まれる山が他領(幕府領・須坂藩領)村々との

入会山になることによって、自藩の領地減少につながることを嫌った。そして、自藩領の確保を目指す立場からこの争いに関与し、自藩領の村々を指導した。この点で、藩の対応には一大名としての個別の利害が前面に出ており、けっして中立の立場で争いに関与したわけではなかった。そして、こうした藩の基本姿勢にそぐわない村人の意向——具体的には丹蔵・平蔵の意向——は尊重されることがなかった。

②丹蔵・平蔵は、こうした立場からの藩の関与に納得できなかった。藩の利害と領民の利害は、必ずしも一致しなかったのである。彼らの駆込訴を受けて、藩役人が再吟味を行なったが、そこで郡奉行・代官らの指導の適否が正面から問題にされることはなかった。この点で、藩の吟味は、百姓よりも藩役人のほうの肩を持つものだった（これは、当たり前かもしれないが）。藩の吟味には、武士同士のかばい合いや、上役への遠慮が影響を及ぼしていたのである。また、藩はこの裁判を通して山年貢を増額するなど、結果的に自らの経済的利益も実現している。

さらに、判決原案において担当役人が、「仁礼・八町・福島三か村は、仙仁村のために争いに加わったのだから、このように裁許しなければ今後の治まり方が心許ない」と述べているように、裁許にあたっては、領内の平穏な統治を実現するという点が重視されていた。

③藩の判決が確定してから判決言い渡しまでには一定の間隔があり、その間に寺院

による赦免の嘆願がなされている。百姓には、判決言い渡しの前に、寺院を介して藩に反省・恭順の意を表明することが求められたのである。そして、藩はそれにある程度配慮した寛大な判決を下すというかたちをとった。すなわち、裁許とは藩の御威光と御慈悲を百姓に示し、百姓が謹んでそれをお受けするものでなければならなかった。

④以上①〜③から、藩の指導・裁許とは、純粋に事実と法理のみに基づいてなされたわけではないことがわかる。そこでは自藩の利益が優先され、また武士の非は認めないという傾向があった。さらに、藩の御威光を知らしめて領内の平穏を維持するという政治的意図もはたらいていた。

しかし、だからといって、江戸時代の裁判が恣意的で不公平だったと決めつけることはできない。一方では、証拠調べや当事者の尋問などがかなり徹底してなされ、また稟議制によって多くの藩役人が関わるなかで、大方の納得できる判決が模索されていったという側面もあった。この両側面を兼ね備えているところに、江戸時代における裁判の特質があったのである。

さらに、第三章では、山口村の山争いの一方の代表となった伊藤義左衛門の江戸での行動に焦点を合わせた。裁判の客観的な経過ではなく、その渦中にいた人物の目から見た裁判の姿、特に彼の江戸における行動や思いを描いてみた。江戸時代の百姓が、江戸に長期滞在する機会はそうそうあるものではない。その意味で、義左衛門の体験は貴重な記録である。

とはいえ、義左衛門は好き好んで江戸に滞在していたわけではなく、経済的負担や訴訟の気苦労はたいへんなものであった。ただ、その反面、江戸に出たからこその経験も多く積むことができたし、江戸と国許との物的交流や情報交換にも重要な役割を果たした。彼のような人物を通して、江戸と地方との結びつきがさまざまな面で深まっていったのである。

明治維新が村の山利用を変えた——村境と所有権の確定

第四章では、明治期の山争いのありようについて、山口・田麦野両村の事例から具体的に考えた。第四章は、対立点が複雑に込み入っていてわかりにくかったと思われるので、あらためて詳細にまとめるとともに、若干の補足もしておこう。

明治維新、とりわけ地租改正をはじめとする明治政府の新政策が村に与えた影響には、多大なものがあった。

江戸時代には、隣り合う村同士でも、同じ場所を違う名前で呼んでいた。たとえば、同じ川を、山口村では押切川、田麦野村では大柳川と呼んでいた。さらに、両村の間では、村の境界の位置についての認識がまったく異なっていたのである。

江戸時代には、それでも大きな問題は起きなかった。むしろ、両村が村境や権利関係を曖昧なままにしておくことによって、深刻な衝突が回避されてきたともいえる。「触らぬ神に祟りなし」である。それが、明治政府の地租改正と林野の官民有区分政策によって、境界線や所有権を明確化する必要に迫られたために、争いが起こったのである。

明治維新の意味は、けっして支配層内部の権力交代だけに限定されるものではなかった。支配者は代わったが、村の暮らしは何も変わらなかった、というわけではない。明治維新が、村の林野利用に与えた影響は大きかったのである。

御林税の上納は利用権の保証

両村の主要な対立点の一つに、水沢山をめぐる問題があった。両村とも、そこが江戸時代には幕府の御林であり、明治以降は政府の官林となったことは認めていた。そのうえで、両村とも、そこが自村の領域内だと主張して争ったのである。

山口村は言う。同村は、延享二年（一七四五）から、毎年「下草役永」（下草刈取を許可してもらう代わりに納める山野の利用料）を納めて、水沢山で下草を刈り取り肥料にしてきた。御林は山口村に預けられ、維持・管理を命じられた。下草役永は、村側から上納を願い出たものである、と。

これに対して、田麦野村は反論する。江戸時代には、水沢山は自村の領域内にある御林であり、毎年利用料を納めてそこで下草を刈り、肥料や牛馬の飼料にしてきた。御林に生えている松以外の雑木は下草とみなして伐採してきたし、炭焼きもしてきた、と。

御林を村人も利用してきたという点では、両村とも同様の主張をしている。すなわち、江戸時代の御林は、領主の独占物ではなく、官民共用の場だったのである。「下草役永」上納は、村にとって負担であると同時に、利用権の保証にもなった。また、江戸時代において、林野は私的・独占的所有・用益が困難な「公私共利の地」という側面と、村などの集団の固有のテリトリーという側面の双方を有していた。そこに、固有の時代的特徴があったといえる。

山は飢饉の際の生命線

次に、薪山と留山についてみよう。

山口村は、薪山は自村持ちの入会山で、薪の採取地であるという。さらに、薪山から青草・干し草・木の葉を採取して、耕地の肥料としてきたし、村民の八、九割は山稼ぎによって生計を立てていると主張する。

一方、田麦野村は、薪山のうち、大柳川以北は自村の官林（江戸時代には御林）で、大柳川以南は山口・田麦野両村の入会山だという。

留山については、山口村は自村の持山だと言い、田麦野村は、大柳川以北の留山は江戸時代から自村の領域内の御林であり、大柳川以南は両村の入会山だと主張する。山口村は、明治三〇年一月に、留山の利用について次のように述べている。

留山は、凶作・飢饉時の備えとして、普段は年に若干の日数（年に五日ないし七日）を除いては、村民の入山を禁じてきました。これは政府によって伐採を禁じられたのではなく、村民の生活の必要から、村で自主的に取り締まってきたものです。

天明・天保の飢饉、さらに嘉永六年（一八五三）の大干ばつのときには、留山で炭を焼き、その販売代金で食料を購入することによって全村民が餓死を免れるとともに、幕府から拝借した食料代金の返納に充てました。

また、文久二年（一八六二）には、留山をめぐる宝幢寺《ほうどうじ》（山形城下の寺院で、山口村上組に領地をもっていた）との争い（第四章では言及していない）に際して、全山の松樹を売却して訴訟費用に充てました。

留山には、随時、栗・松・杉などを植樹し、日常的にその育成に努めてきました。また、耕地に入れる肥料も、この山から採取してきました。

このように、山口村は、留山は飢饉時の備えとして林にしておいたのだと主張する。

また、前述したように、留山は「水源涵養上必須ノ場所」であり、もし他村の所有となって乱伐されるならば、山口村全体の用水に悪影響を及ぼす恐れがある、とも述べる。

山野は、飢饉の際には、食料採取の場となるとともに、炭を売って食料購入資金を得るという役割ももった。山野は、飢饉の際の生命線として、また訴訟費用捻出など非常時のための財源として重要だったのである。

近代（明治時代）に入ってから、大字山口では区会を設け、その決議に基づいて村長が管理するかたちで山林の経営を行なってきた。毎年の伐採区域も区で定めており、それによって山林の乱伐を防いできたという。

実際、大字山口では、明治三〇～三一年にかけての凶作時に、村民の半数程度が山から採れた植物に外国産米を混ぜて食べることでかろうじて露命をつなぐことができた。

薪山・留山については最終的に山口村の所有権が認められており（山口村持ちの民有地とされた）、以上の山口村の主張はおおむね事実だったと思われる。村民による自主的な森林管理と育成が行なわれてきたのである。山林保全に果たした村の役割は大きかった。

江戸期以来の山利用の事実が主張の根拠に

両村が主張の正当性の根拠としてあげたのは、以下のようなものであった。

1 「官林帳」や「下草役永」の上納に関わる文書など、領主との関係において作成された史料
2 村々で自主的に取り交わした議定書《ぎじょうしょ》類（安永年間（一七七二～一七八一）に山口・田麦野両村が取り交わした議定書）
3 係争地に自村民の耕地・私有林が存在していること
4 自村が境界だと主張する場所に、境界の目印としての境塚が存在すること

すなわち、江戸時代以来の証拠文書と現地の状況の双方に基づいて、互いに自らの正しさを主張し合ったのである。明治時代の裁判は、江戸時代の山利用のあり方を前提としていた。

官有か民有かより、まずは実際の利用権が大事

留山・薪山は明治一一年に、それまで民有地であった形跡がない（売買・譲与等地盤の取引がなされた証跡がない）として官有地とされたが、山口村は一審ではそれに異

論を唱えていない。

田麦野村は、そこが官林となっても、江戸時代以来の慣行に基づき、そこでの薪採取・伐木・下草刈などは従来通り行なえるものと考えて、官有地編入には反対しなかった。

両村とも、明治一一年の官有地編入時には、それに対して強く反対してはいないのである。

山口村は、留山・薪山の官有地編入について、「これらの山は山口村の持山で村民の生命の綱であり、官有地編入には反対だったが、当時は田麦野村との係争中だったので、そちらのほうを重視して民有地の申し立ては行なわなかった」と述べている。官有地編入には不服だったが、田麦野村との境界争いのほうが優先事項だったというのである（田麦野村は、留山・薪山両山の北部は江戸時代には御林だったと主張している）。

ここからわかるのは、両村の争いは、そこが官有か民有かという所有権をめぐる争いではなく、そこがどちらの村の領域に属するかをめぐるものだったということである。山野の官民有区分も村にとって重要ではあったが、隣村との境界のほうがさらに重大事だった。村の領域とは、官有・民有とはレベルの異なる、もう一つの所有に関する問題だった。どこまでが自村の領域かというテリトリー争いは、村人たちにとってけっして譲ることのできない大問題だったのである。

村人たちにとっては、名目上の所有権よりも、実際の利用権・用益権のほうが大切だった。山野が名目上官有地になっても、そこでの薪や下草の採取が続けられることこそが重要だった。実際、江戸時代には御林は官民共用の地として村人たちの利用が認められていた。そうした伝統を背景に、明治以降も官有地の利用は可能だと考えて、村人たちは官有地編入に当初目立った異議を唱えなかったのである。

ただし、だからといって、官有地編入に不満がなかったわけではない。そうした潜在的な不満は、保安林指定などによって村民の山林利用が制限されたときに一気に表面化し、粘り強い反対運動が起きたのである。

村人たちは所有権より用益権を重視しており、用益権確保のために所有権を問題にしたといえる。そこを実際に利用する者が所有者だという意味で、村人たちのなかで利用と所有（村の領域という意味での所有）は密接に結びついていた。現代のように、実際の利用とは切り離して、利潤獲得のために土地を所有・売買するという発想は、江戸時代・明治時代の村人たちにはなかったのである。

明治三一年に、山口村では、①訴訟費用として、まず同年一月二〇日までに各戸から五円ずつ集めること、②さらに訴訟終結まで毎月一戸につき一円ずつ集めること、③それでも訴訟終結時に費用が不足した場合は、不足分を各戸平等に負担することを取り決めている。ここからも、山争いが村の全戸・全住民あげての取り組みだったことがわかる。

官有か民有かも切実な問題

第四章でみた山争いにおいては、村の領域問題が官民有区分の問題に優先していた。しかし、村々にとって、官民有区分が大した問題ではなかったということではない。それを、同じ山形県内の北村山郡東根《ひがしね》村（現東根市、位置は163ページ図7参照）の場合によってみてみよう。

明治二三年四月に、東根村大字東根元東根《もとひがしね》人民惣代中嶋三郎ほか四名から山形県知事長谷部辰連《たつつら》宛に、次のような願書が出されている。なお、東根村の一部が大字東根、大字東根の一部が元東根（江戸時代の東根村）という関係になっている。

官有の森林地を民有地へ編入する儀につき願い

一、山林面積三八九町三反　現在官有地にして今般民有地への編入を願う分

当村大字東根のうち元東根の人民は、古くから山林での稼ぎによって生計を立ててきました。ところが、地租改正により、それ以前は民有地であった山林のうち、個人持ちだった所は持ち主に所有権が認められましたが、一村の入会地だった所は民有の証拠がないものとされ、すべて官有地に編入されました。けれども、江戸時代以来地

租改正までの長い間、山年貢を納めてきたということは、実に争う余地のない民有地の証拠というべきです。この山年貢とは、民有の山に賦課された租税です。

年々山年貢を納めてきた同じ山林のうち、一部は個人の所有だということでその者に所有権を与え、一部は一村の共有だということで官有地にするというのは、そもそもいかなる理由によるものなのか、実に了解に苦しむところです。

地租改正以来、個人所有地のほかはすべて官林に編入され、その後官林の利用規制が強化されたため、薪炭はもちろん、農業上不可欠の肥料に用いる下草等はほかに求めざるを得ません。そのため、今年は雪が消えてから他府県に出稼ぎに行った者が数百人の多きに至り、実に見るに忍びない実況にあります。

前記の面積三八九町三反の山林は、まったくの民有山で、官有に属すべき性格のものではないので、民有地へ引き戻していただきたいと存じます。

もっとも、引き戻しが実現したら、村の基本財産として、乱伐等のないよう厳重に取締りの方法を設け、人民の幸福を増進したいと思いますので、至急引き戻しを許可していただきたく、図面や証拠資料を添えて懇願いたします。

民有に引き戻すため、粘り強く申請

こうした東根村の申請はなかなか認められなかった。しかし、村民はあきらめることなく、粘り強く運動を続けた。明治三一年九月三〇日には、山形県北村山郡東根町（東根村が改称）町長小池彦次から農商務大臣大石正巳宛に、次のような申請書が出されている。

国有森林民有引き戻し申請書

申請の目的物　東根町大字東根（元東根村・元原方村《もとはらかた》〔江戸時代の原方村〕）山合計面積四二〇町九反四畝六歩

事　実

前記の山地は、昔から百姓山、または奥山野《おくやまの》、村持山と呼び、山年貢として公租を負担し、領主の変遷にかかわらず、領主からは常に村持山であることを公認されてきました。近隣の村々もかつて一度もそれを否認したことはなく、かえってその事実を保証してきました。

名分上そうであるだけでなく、実際においても、元東根・元原方両村民は幾百千年の長きにわたって間断なく、前記の山地の所有者として、土地・立木はもちろんすべての産物を、一定の慣例に従って自由に処分してきました。村民が必要とする用材・薪炭・肥料等は主としてこの山地から獲得し、ことに零細な村民は山地からの産物を近隣各地に販売することで生計を維持してきました。

あるいは、山林の一部の雑草を焼き払い、その跡に蕎麦・粟・稗などを一年限り蒔いて収穫してきました。これを、鹿畑《かのはた》（焼畑のこと）といいます。このように、この山地は、かつて少しも領主の干渉を受けることなく、完全に村民が自由に利用・管理してきた唯一の村有財産でした。

ところが、明治初年の地租改正・官民有区分の際、県庁から突然これらの山地は民有とすべき確かな証拠がないので官有地と心得よ、との通達を受けました。官有ということは、従来通りの村持山ではなくなることを意味します。祖先伝来自分たちが所有者であると確信し、また自由に利用してきた村民たちは、あまりに意外な事態に驚き、あわてて官庁に駆けつけ、口頭や書面でひたすら民有地に据え置いてくれるよう哀願しましたが、容易に聞き届けられませんでした。

困り果てた村民たちが官有地編入の理由を問うたところ、県庁の回答は、「そこが村持山であるという事実は認める。けれども、村がこの山地を誰かから買い入れたとか、質流れになったことがあるとか、何か売買・譲渡・質入れ等の確かな証拠がない場合は、官有と心得るべきである」というものでした。

村民たちはそれが不当であることを上申し、懸命に哀訴・嘆願しましたが、行政官の厳命の前に屈服せざるを得ませんでした。そのため、民有に据え置くべき証拠や慣行が十分あったにもかかわらず、ついに官有地に編入されてしまいました。

そもそも祖先以来愛護してきた貴重な財産が官に没収されるという不幸に遭って、これに苦慮しない村民がいるでしょうか。誰が、この処分を甘受するでしょうか。けれども、当時の官庁の官有山林に対する処置ははなはだ寛大で、僅少の借地料を上納すれば、これまで村持山だったときとほとんど同じように林に入って伐採することができたので、村民も強いて民有回復の行動は起こしませんでした。

しかるに、明治一五、六年以降、官有山林の制度は年を追うごとに厳重になり、入林期間が定められたりしました。林区署設置後はさらに厳重な制度が敷かれ、明治二六年以降は薪炭材の払下げが禁止されて、わずかに小柴《こしば》（山野の小さい雑木）の刈取と副産物の採取とが許可されるに過ぎなくなりました。そのため、耕地と山林によって生計を維持してきた村民は、生計上に激変を来《きた》しました。農家は薪炭・肥料の欠乏に苦しみ、零細な村民の疲弊は見るに忍びない惨状でした。

こうした惨状を回復しようとして元東根・元原方の村民惣代らは、しばしば県庁に民有引き戻しを申請し、官吏の実地検分や行政訴訟を経ましたが、結局手続きの不備などがあって村民の主張は認められませんでした。村民の引き戻し申請は、民有を不当に官有とされたことを元通りに回復しようとするものに他なりません。

このままでは、自治体（東根町）の基本財産が皆無であるのみならず、山麓の部落でありながら日用の薪炭すら事欠くありさまです。「薪はなお桂のごとく貴い（今では、薪

> は高級材である桂と同様の貴重品となってしまった)」とは、本町民が数年来発する嘆声です。前記の申請地が民有となるか否かは、実に当町の興廃に関わることです。そこで、今般町会一致の決議をもって、ここに民有引き戻しを申請するに至りました。

このように述べたうえで、民有引き戻しを妥当とする根拠として、一八、一九世紀の文書に「村持山」とあること、山年貢上納の事実を示す文書があること、事実としてこれまで村民が自由に用益してきたこと、同一性格の山林のうち個人持ちの部分だけを民有地と認定したのは不合理であること、などをあげている。

民有引き戻し実現後の祝賀会で

こうした粘り強い努力によって、ついに明治三六年三月に民有引き戻しが実現した。明治二三年の願書提出から、すでに一三年が経過していた。東根町では、明治三六年四月に民有引き戻し実現の祝賀会を開催し、その会場で引き戻し実現に至る経緯を記した「東根山林下戻《さげもどし》顛末《てんまつ》大体報告書」を配布した。

この報告書の冒頭で、当時の東根町町長菊池甚十郎は次のように述べている。

> 本町の地理的位置をみると、東北は無限の財力を有する広漠たる山林に接し、古来

本町および本町民はこれを利用して収益を得てきました。ところが、にわかに明治初年の地租改正の際、この山林が国有地（官有地）に編入されて従来の利用・収益を禁止された結果、本町は稀有の窮状を呈しました。

ここにおいて、本町はただ山林の回復のみを希図し、以来幾星霜《いくせいそう》を経て、委員諸氏の幾多の艱難《かんなん》と、山林回復の決議に参与した議員諸氏の補助と、忍耐強い町民の後盾とをもって、今やその目的を遂行しました。本町の大いなる幸福というべきでしょう。

この森林は無限の生産力を有しているので、これを利用して、一つには本町の財源として活用することで財政を強固にし、一つには本町民の副業の場所とすることで住民の財力を増殖させ、もって本町の将来の福利をますます増進させることを、皆さんに希望します。

ここでは、不当な国有地編入、それによる村の窮状と艱難、長い年月をかけた忍耐強い運動とその成功、森林の無限の生産力への信頼、それを利用しての町と町民の福利増進への期待、こうした事柄が熱く語られている。

先人たちの膨大な努力で林野は守られてきた

以上、本書では明治期の状況を山形県の事例に即して述べてきたが、こうした動向は多かれ少なかれほかの地域でもみられた。このような明治維新期の変動と紛争は明治三〇年代になるとようやく収まってきた。そして、公権力による規制と民間の自主的管理をうまく組み合わせるかたちで、林野の保全と利用のルールが定まってきた。権力による一方的規制ではなく、民間任せの自由放任でもない、官民の協力体制が模索された。そうした努力によって、今日まで豊かな林野が伝えられてきたのである。

歴史を振り返ると、本書で述べたように、江戸時代以来、さまざまな矛盾や争いが存在した。林野荒廃の危機も幾度か発生した。人と林野、林野をめぐる人と人との関係は、けっして予定調和的で平穏無事なものではなかったのである。

しかし、危機のたびに、林野に依存して生きる村人たちは声を上げ、時の権力に対して敢然と自己主張するとともに、地域内の争いの自主的・平和的解決に知恵を絞った。林野を荒廃させないために、節度ある林野利用のルールを工夫した。先人たちが費やした膨大なエネルギーのおかげで、今日の緑豊かな国土が存在するのである。

現代人の多くは、日常的に林野に足を踏み入れることがなくなった。そうしなくとも、食料・燃料・肥料・建築資材などは皆購入できるからである。江戸時代人・明治時代人のように、手間暇かけずとも、それらを容易に入手できる。その意味では、ずいぶん便利になった。

しかし、その便利さと引き換えに、われわれは林野（自然）についての体験的知識——草や木の名前から山仕事の方法まで——を身につける機会を失った。われわれが林野についてもつ知識量は、江戸時代人・明治時代人よりはるかに少ないだろう。また、林野における労働の喜びや、自然との触れ合いから得られる心の豊かさをも手離してしまったように思われる。われわれの先祖の林野との付き合い方からは、まだまだ学ぶべき点が多いだろう。

また、今日まで豊かな林野が百姓たちによって維持されてきたことも重要である。自然保護のためには、自然界から人間の営みを排除すればよいというものではない。確かに、人間が自然に一切タッチしないというかたちでの自然保護もあり得る。しかし、それでは、自然の恵みによって暮らしてきた人びとは、生活を維持できなくなってしまう。自然か人間かという二者択一ではなく、人間が自然に手を加え、そこから生活の糧を得るとともに、自然環境を維持・保護していくという、二者両立の手立てが必要である。自然を破壊するのも人類ならば、自然を守り、自然に抱かれて共に生きてきたのも人類なのである。

また、林野との付き合い方については、人や集団によって考え方の違いがあり、そこに矛盾や対立も生まれる。そうした矛盾・対立を乗り越えて、どのような合意と協力を実現するかも重要な課題である。そうした課題の解決方法を模索するとき、先人たちの営為から得られるものはけっして少なくないだろう。

輸入材の増加による木材価格の下落や林業の担い手の減少によって、我が国の林業と林野の将来が危ぶまれている今こそ、先人たちの林野に賭けた熱い思いと貴重な努力の跡を振り返り、その教訓を未来に生かすことが求められているといえよう。本書がそのために何がしかの参考になることを切に願っている。

おわりに

第三・四章で取り上げた山口村の、集落からやや離れた羽黒神社の境内に、伊藤秀次郎の胸像と頌徳碑《しょうとくひ》（功績をほめたたえるための碑）が建てられている。伊藤秀次郎とは、第四章で述べた、明治時代の田麦野村との山争いのとき、山口村の総代の一人として尽力した人物で、第三章の主人公伊藤義左衛門の次男である（本書250ページに登場する）。胸像の台座には、おおよそ次のように記されている（銘文の全文は『天童市史編集資料第五号』に収録されている）。

田麦野との山争いは山口の「勝訴」となり、明治二五年（一八九二）に留山・薪山は山口の所有地となった。このとき、伊藤秀次郎翁は総代として、東奔西走身命を賭して問題解決に当たった。山口の人びとは、彼の功績をたたえるため、大正一三年（一九二四）に、彼の等身大の銅像と頌徳碑を建立した。しかし、太平洋戦争時の金属供出命令によって、銅像は供出を余儀なくされた（頌徳碑は残った）。そこで、昭和三五年（一九六〇）に、現在の地に彼の胸像を再建し、その傍らに頌徳碑を移して、永く翁の功績を伝えんとするものである。

以上の台座の記載から、山口の人びとが、山争いから七〇年近くが経過しても、山争いとそのなかで尽力した伊藤秀次郎の記憶をしっかりと抱き続けていたことがわかる。山あいの村にとって、山野の用益の確保はそれほどまでに重要だったのである。

本書では、第四章をはじめとして、山争いの事例を多く取り上げてきた。それは、日常的な山野の利用状況はなかなか文書に記されにくく、争いが生じたときに、初めて山野の利用形態が文章化されることが多いという事情による。それに加えて、私は、村人たちが、歴史のなかで、時には山野をめぐって激しく争ってきたことを重視したいと思う。

村人たちは、けっして何らの矛盾や対立なしに山野を利用してきたわけではない。予定調和的・牧歌的な歴史像は、事実とは異なる。人と山野との関係は、人と人、村と村、村と領主・県・国家といったさまざまな社会関係と不可分であり、さらにそうした社会関係には合意・協力と矛盾・対立の両側面が存在する。

村人たちの争いに関わる武士たちも気が抜けなかった。ある時は自領の領地が減少しかねない危機に対処し、またある時は争いを的確に裁いて武士の統治能力を証明しなければならなかった。百姓が必死なら、武士も懸命だったのである。

ただし、村人たちの山争いは、ルール無用の、力ずくでの山野の奪い合いではなかった。ときには暴力沙汰も起こったが、江戸時代以降の山争いは、証拠と論理に基づく裁判闘争が基本であり、非暴力的な論争だった。そして、争いの両当事者とも、係争地に対する自身の権利の正当性を確信しており、それを裁判でぶつけ合った。互いに、相手を「権利の侵奪者」として強く非難したが、双方ともにそれなりの正当性の根拠を有していたため、相異なる正義の衝突のなかでどこに妥協点・着地点を見出して折り合うかが苦心のしどころとなった。山争いは、村々の「領有権問題」だったといえよう。

その点で、第四章の事例はたいへん興味深い。山口・田麦野両村の山争いの結果について、山口側は前述のように自らの「勝訴」だと認識していた。他方、258ページにあるように、田麦野側も自らの「大勝訴」だと考えていた。双方とも、自分たちが勝ったと思っていたのである。

これは、お互い自分に都合のいい解釈をしたと言えなくもないが、一面では、双方ともそのように主張し得る程度の成果は得られたということでもあろう。「勝訴」であれば、後に不満やしこりは残らない。「雨降って地固まる」ということもある。山口・田麦野両村は裁判では激しく争ったが、立派に落としどころを見つけたといえよう。こうした「領有権問題」解決の知恵は、今日においても示唆的であろう。

また、村人たちは、山争いによって確保した山野の自然を、先のことは考えずに、短期的に利用し尽くそうとしたわけではない。山野に依存して暮らす人びとは、山野の共の自然資源が枯渇したら生きていけないことを十分承知していた。そこで、山野の共同利用のルールを自主的に定め、そのときどきの領主や国家とも協力と対立を繰り返しつつ、山野の自然と長い間共生してきた。自然を改変しつつ、自然を破壊したら修復し、共生のための知恵と技法を編み出して、自然環境を維持・保護してきたのである。そうした苦心と努力の結果として、日本列島の約七割におよぶ森林が現存する。これは、村人たちから私たちへの贈り物である。

山野の自然との付き合い方を工夫し、幾多の争いを乗り越えて山野の自然を守ってきた先人たちの努力を無駄にすることなく、先人たちからの贈り物を未来にバトンタッチできるよう、過去の村人たちに負けずに知恵を絞っていきたいと思う。

本書ができるまでには、編集担当の貞島一秀さんから多くの有益なアドバイスをいただいた。記して厚く御礼申し上げたい。

二〇一七年五月

渡辺尚志

文庫版あとがき

このたびの文庫化によって、本書がまた新たな読者に手に取ってもらえることを、たいへん嬉しく思う。

本書第四章では、出羽国村山郡における明治期の山争いを取り上げた。私は、二〇一七年に本書を刊行してからも、引き続き江戸時代の村山郡について調べている。その過程で、第四章で述べたような明治期の山争いを調べることの重要性を再認識したので、この「あとがき」ではその点について、第四章や終章と重なるところもあるが、あらためて少し述べたい。

江戸時代から明治時代にかけて、国民の大多数を占めた百姓（農民）たちにとって、山野は死活的重要性をもっていた。山野は食料・燃料・肥料・建築用材などを得る場であり、薪・炭の販売は百姓（農民）たちに現金収入をもたらした。

江戸時代において、山野は私的・独占的所有・用益が困難な「公私共利の地」という側面と、村の固有のテリトリー（領有地・なわばり）という側面の双方を有していた。村は、自村のテリトリーはしっかり確保したうえで、そこでの村外者の多様な利用を許容していた。そこに、固有の時代的特徴があったといえる。

しかし、江戸時代のあり方は、明治維新によって大きく変化した。地租改正をはじめとする明治政府の新政策が村に与えた影響には、多大なものがあった。

江戸時代には、隣り合う村同士でも、山野の権利関係については異なる理解をしている場合がままあった。江戸時代には、それでも大きな問題はおきなかった。むしろ、両村が山野の権利関係を曖昧なままにしておくことによって、深刻な衝突が回避されてきたともいえる。お互い自村に都合のいいように解釈しながら、それを相手には強制しなかったのである。「触らぬ神に祟りなし」である。それが、明治政府の地租改正などの新政策によって、地籍の所属を明確化する必要に迫られたために、争いがおこったのである。

明治維新の意味は、けっして支配層内部の権力交代だけに限定されるものではなかった。支配者は代わったが、村の暮らしは何も変わらなかった、というわけではない。明治維新が、村の山野利用に与えた影響は非常に大きかった。

第四章でみた山争いは、そこが官有か民有かというレベルでの所有権をめぐる争いではなく、そこがどちらの村の領域に属するかをめぐるものだった。山野の官民有区分も村にとって重要ではあったが、隣村との境界のほうがさらに重大事だった。村の領域とは、官有・民有とはレベルの異なる、もう一つの所有（村の領域という意味での所有＝領有）に関する問題だった。どこまでが自村の領域かというテリトリー（領有権）争いは、村人たちにとってけっして譲ることのできない大問題だったのである。

　村人たちにとっては、名目上の所有権よりも、実際の利用権・収益権のほうが大切だった。山野が名目上官有地になっても、そこでの薪や秣《まぐさ》の採取が続けられることこそが重要だった。実際、江戸時代には御林は官民共用の地として村人たちの利用が認められていた。そうした伝統を背景に、明治以降も官有地の利用は可能だと考えて、村人たちは官有地編入に当初目立った異議を唱えなかったのである（ただし、官有地編入に不満がなかったわけではないが）。

　村人たちは所有権より用益権を重視しており、用益権確保のために所有権を問題にしたといえる。そこを実際に利用する者が所有者だという意味で、村人たちのなかで利用と所有（＝領有）は密接に結びついていた。

　現代では、所有と利用は原理的に切り離されている。現実に土地を利用しなくても、所有することはできる。そして、そうしたあり方が、転売による利潤獲得が目的の土地取得や、都市部の空き家問題（空き家が防災・防犯上問題でも、所有権の壁があって行政が対処できない）、農村部の耕作放棄地問題（耕作放棄された農地を集落や地域で有効活用しようとしても、所有者の同意がなければ実行できない）を生んでいる。

そこでは、所有権の保護と土地の公共的有効利用との兼ね合いが問われているといえる。そうした問題を考えるとき、所有と利用が分かちがたく結びつき、村がその両者をコントロールしていた江戸・明治の経験を振り返ることには十分な意味があるだろう。

明治維新期には、山野荒廃の危機が訪れた。体制の転換にともない、村々の争いが頻発した。しかし、その対立を乗り越えて、山野の維持・保全を実現したのも村人たちの力であった。村人たちは、自然・環境保護を自己目的にしていたわけではない。自らの生活を守り発展させることが目的だった。ただし、そのためには山野の永続的な利用が不可欠であり、だからこそ山野の環境保全に力を注いだ。それが、結果的に山野を保護することにつながったのである。村人たちは、山野を利用しつつ保全していた。保全のための保全ではなく、利用のための保全だったといえる。

その過程では、本書でみたような対立もおこった。山野をめぐる村々・人々の関係はけっして常に矛盾なく予定調和的だったわけではない。しかし、村人たちと司法・行政当局の努力によって、対立は解決・克服され、安定的な秩序が再建された。そうした先人たちの努力とたたかいの軌跡を文書史料から復元し、未来に伝えていくことには大きな意義があるだろう。

上述したような現代の問題との関わりを常に念頭に置きつつ、これからも江戸・明治の百姓たちとの対話を重ねていきたいと思う。

二〇二一年七月

渡辺尚志

参考文献

序章

磯田道史監修『江戸の家計簿』宝島社(宝島社新書)、二〇一七年
古島敏雄『近世日本農業の構造』、『古島敏雄著作集』第三巻、東京大学出版会、一九七四年、に収録
前田正治『日本近世村法の研究』有斐閣、一九五〇年
渡辺靖仁「農家の経営リスク観と保障需要」『共済総合研究』六二号、二〇一一年

第一章

岩本純明「日本の森林管理制度と林業技術」、杉原薫ほか編『歴史のなかの熱帯生存圏』京都大学学術出版会、二〇一二年
江戸日記編集委員会編『長坂織部の江戸日記』、長坂真雄・山水元神社発行、二〇〇〇年
黒田基樹『中近世移行期の大名権力と村落』校倉書房、二〇〇三年
小椋純一『森と草原の歴史』古今書院、二〇一二年
米家泰作『中・近世山村の景観と構造』校倉書房、二〇〇二年
斎藤修『環境の経済史』岩波書店、二〇一四年
清水克行『日本神判史』中央公論新社、二〇一〇年
白水智『知られざる日本』日本放送出版協会、二〇〇五年
高橋美貴「仙台藩における御林の存在形態と請負」、斎藤善之・高橋美貴編『近世南三陸の海村社会と海商』清文堂出版、二〇一〇年

丹羽邦男　『土地問題の起源』平凡社、一九八九年
長谷川裕子　「湖西の村の「生存史」」、蔵持重裕編『中世の紛争と地域社会』岩田書院、二〇〇九年
原田信男　「総論　近世における開発と景観の諸相」、原田信男編『地域開発と村落景観の歴史的展開』思文閣出版、二〇一一年
樋口和雄　「山と水の利権をめぐって争った奥信濃百姓」『信濃』五五巻五号、二〇〇三年
水本邦彦　『草山の語る近世』山川出版社、二〇〇三年
溝口常俊　『日本近世・近代の畑作地域史研究』名古屋大学出版会、二〇〇二年
山本智代　「近世の日野・八王子地域における焼畑の位置」、原田信男編『地域開発と村落景観の歴史的展開』思文閣出版、二〇一一年
山本幸俊　『近世の村落と地域史料保存』高志書院、二〇一四年

第二章

石井紫郎　『日本人の国家生活』東京大学出版会、一九八六年
石井良助　『江戸の刑罰』中央公論社、一九六四年
大平祐一　「近世の訴訟、裁判制度について」『法制史研究』四一号、一九九二年
同　「近世の合法的「訴訟」と非合法的「訴訟」」、藪田貫編『民衆運動史3　社会と秩序』青木書店、二〇〇〇年
同　「内済と裁判」、藤田覚編『近世法の再検討』山川出版社、二〇〇五年
笠谷和比古　『士《サムライ》の思想』ちくま学芸文庫、二〇一六年
国文学研究資料館内国立史料館編集・発行『信濃国松代真田家文書目録（その四）』一九八六年
小早川欣吾　『増補　近世民事訴訟制度の研究』名著普及会、一九八八年
杉本史子　『領域支配の展開と近世』山川出版社、一九九九年

高木昭作『日本近世国家史の研究』岩波書店、一九九〇年
平松義郎『江戸の罪と罰』平凡社、一九八八年
保坂智『百姓一揆と義民の研究』吉川弘文館、二〇〇六年
八鍬友広『近世民衆の教育と政治参加』校倉書房、二〇〇一年
渡辺尚志『武士に「もの言う」百姓たち』草思社、二〇一二年
同『近世百姓の底力』敬文舍、二〇一三年

第三章

青木美智男『近世非領国地域の民衆運動と郡中議定』ゆまに書房、二〇〇四年
荎田佳寿子『幕末日本の法意識』巌南堂書店、一九八二年
同「内済と公事宿」、朝尾直弘ほか編『日本の社会史5　裁判と規範』岩波書店、一九八七年
高木正敏「羽州村山地方における入会慣行と山論」『法政史論』七号、一九八〇年
出羽国村山郡山口村文書「東都来状」「東都来状留」「江戸来翰綴込」（明治大学博物館所蔵）

第四章

東海林昭典『田麦野之今昔』、東海林昭典氏発行、一九八四年
天童市史編さん委員会編『天童市史編集資料第五号　山口村田麦野村明治期山論資料』天童市、一九七六年
山形県編『山形県史　本篇六　漁業編・畜産業編・蚕糸業編・林業編』山形県、一九七五年

終章

東根市史編集委員会編『東根市史編集資料第十三号　近代史料（その2）』東根市、一九八二年

＊本書は、二〇一七年に当社より刊行した著作を文庫化したものです。

草思社文庫

江戸・明治
百姓たちの山争い裁判

2021年8月9日　第1刷発行

著　　者　渡辺尚志

発 行 者　藤田　博

発 行 所　株式会社 草思社

〒160-0022　東京都新宿区新宿1-10-1
電話　03(4580)7680(編集)
　　　03(4580)7676(営業)
　　　http://www.soshisha.com/

本文組版　鈴木知哉

本文印刷　株式会社 三陽社

付物印刷　株式会社 暁印刷

製 本 所　加藤製本 株式会社

ISBN978-4-7942-2533-7　Printed in Japan